國會改革方案之理論與實際

顏明聖　李炳南 等編著

王序

　　我不是政治人物，更不習慣於法治生活，但我喜歡觀察中外政治人物的言行，從而判斷其高下優劣，而觀察人物的最佳下手處便是國會，這是因為國會本來就是一個政治交易場所，就是政治人物之窩，也即是各種政治人物的出產地，尤其在西方民主進步國家，其行政領袖多半都從國會產生，更是如此。

　　那麼，用什麼標準來觀察評價這些國會議員呢？我當然有我的標準。日前偶在報上閱讀到一位讀者論及美國前總統詹森在擔任參議員時所說的一段話，大意是在對重大議案投票時，最先想到的是國家，其次想到的是參議員的職責，在其次是所屬政黨，而將個人因素列在最後，這與我的標準完全相同。而我一生從事公職，也是按這個優先次序下決定，定去留。

　　我與國大代表顏明聖先生訂交甚晚，但知之甚深，每與交談，多涉及國家大政，而其立論則完全合於上述詹森總統所立之準則。顏代表早年因從事民主運動而履受縲絏之災，但不為舊怨所羈絆，不為議事形態所侷限，議事論政，心胸開拓，器度恢弘，一皆以國家利益與國代職責為前提，誠令我欽佩不已。而

其對於憲政體制所持之立場，則一方面尊重現有憲法精神，另一方面則詳研各憲政國家之成例，針對國家現實，增減損益，斟酌至當，然後提出意見或具體方案，因而廣受國大代表同仁暨社會人士之重視，成為修憲之重要文獻，擔任國大代表如顏先生者，可謂克盡厥職矣。

　　茲者，第五次修憲及國會改制之說正盛傳於社會各界，顏代表以其與憲法學者李炳南代表對於此一重大問題研究之心得，附以與郎裕憲教授共同執筆之研究結論，及江炳坤先生之專論，刊印為《國會改革方案之理論與實際》一書，其有助於此一重大議題之解決，及對未來憲政體制之建立，民主政治制度之平滑運行，必將有其難以磨滅之貢獻，殆屬毋庸置疑者也，故樂於為之序。

王作榮　謹序於
監察院
民國八十七年十二月三十日

錢序

　　現代各民主國家憲法均設置有國會，代表人民行使立法權，以其作為國家唯一的最高立法機關，而居全國凡百庶政的中樞地位。

　　我國憲法原無「國會」一詞的存在，此因當時依據　國父孫中山先生的五權憲法思想、權能區分原理而制定，於國民大會外，並建立五院，與西方三權分立制度不同。但依司法院大法官會議釋字第七十六號解釋，就憲法上的地位及職權的性質而言，應認國民大會、立法院、監察院共同相當於民主國家的國會。復因於民國八十一年修憲後，監察院依司法院大法官會議釋字第三二五號的再次解釋，已非中央民意機關。因此，目前我國相當於西方民主國家國會的機關，僅為國民大會與立法院，應無疑義。

　　惟我國憲法初創時，因受各黨派妥協影響，使三個中央民意機關的體制結構、權責設計，不甚合乎國人希望。歷經半世紀實際的憲政運作，國民大會與立法院堪稱國會的兩大機關，經常又因權限的爭執，引發紛爭，其亂象久為國人詬病。尤以國民大會長時間無法改選，其職權或功能更飽受壓抑，形象大受社會

負面評價。

　　國人對於未來中央民意機關的重新建構期望殷
切，而社會輿論對於「國會一院制」或「國會兩院制」
經常似又聚訟盈庭，莫衷一是，卻少有具體而正面的
資料可供佐證。本會國大代表同仁顏明聖、李炳南兩
位先生長久對於國會制度改革之研究工作，奉獻心
智，近來提出兩篇研究心得，並附上國民大會憲政改
革研究小組三人執筆（郎裕憲、顏明聖、李炳南等三
位國大代表）的研究結論暨江丙坤先生相關的專論，
刊印成冊，觀其讜論，見解精闢，旁徵博引，深具啓
發，足供我國國會改革的參考，爰就所感，樂爲作序
推介。

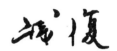

目錄

第 *1* 章

從中華民國國會沿革看當今國會調整之方向

中華民國憲法之孕育與成長

從增補選制度到萬年國會的經結

一政府三國會的變動與緩進式國會之改造

國民大會V.S.立法院

歷年來國會改造修憲提案與各國的經驗

國會改革之可能途徑

結語

中華民國憲法之孕育與成長

　　中華民國憲法前言開宗明義地昭示：「中華民國國民大會受全體國民之付託，依據孫中山先生創立中華民國之遺教，爲鞏固國權，保障民權，奠定社會安寧，增進人民福利，制定本憲法，頒行全國，永矢咸遵。」因此，在進行有關憲政體制的研究時，勢必要先回歸到孫中山先生的思想，以及憲法制定的歷史過程中，方能有所建樹。

五權憲法的創見

　　孫中山先生在流亡海外繼續從事革命工作的期間，針對將西方立法權之監督機制落實於中國的可能性進行研究，遂在「不反對」三權分立的精神下，提出「權能區分」與「五權分立」理論。所謂的「權能區分」，即是將「政權」與「治權」劃分開來，政權包括選舉權、罷免權、創制權、複決權，治權則包括行政權、立法權、司法權、考試權、監察權，兩者分別歸屬於人民與政府，而以人民的政權來管理政府的治權。此一構想，實爲防止西方普遍存在的議會獨裁與代議政治的流弊，但由於直接民權欲施行於當時國土廣袤、人民知識水準低落的中國，有其困難，因此遂創立國民大會以代表人民行使四項直接民權，並負責監督一切治權機構。相對於政權，孫中山先生則是將握有治權的中央政府架構劃分爲行政、立法、司

法、考試、監察五院，並強調五權之間分立與合作的關係，以期能建構成為「萬能政府」。此一獨具特色的憲法理念，本身即存在著相當多的問題，再加上其後所研礙或制定出來的憲法版本，並非將此一創見完全加以落實，從而更憑添後人爭論不斷的困擾。

從五五憲草到政治協商會議

民國二十五年五月五日公布的中華民國憲法草案，世稱五五憲草，憲草前言中揭示：「中華民國國民大會受全體國民付託，遵照創立中華民國之孫先生遺教，制茲憲法，頒行全國，永矢咸遵。」此一憲章以孫先生的權能區分與五權分立之理論為主調，並滲合了其他立論，成為一綜合性的政治制度，其中國民大會成為掌握「實質國會權限」的政權機關，而立法、監察兩院被設計為近乎「智囊團」的治權機構。「五五憲草」全文共八章一百四十八條，其中關於「國會」制度部份的規定詳列如下：

國民大會：國民大會代表由人民直接選舉（第二十七條及第二十六條），任期六年；違法或失職時，原選區得依法罷免（第三十條）。國民大會每三年由總統召集一次，會期一個月，必要時得延長一個月，並得依法召集臨時國民大會（第三十一條）。其職權：第一，選舉總統副總統、立法院長副院長、監察院長副院長、立法委員、監察委員；第二，罷免總統副總統、立法司法考試監察各院院長副院長、立法委

員、監察委員;第三,創制法律;第四,複決法律;
第五,修改憲法;第六,憲法賦予之其他權職。(第
三十二條)

　　立法院:立法委員由國民大會間接選舉產生,並
非由人民直接選舉(第六十七條)。「立法院爲中央
政府行使立法權之最高機關,對國民大會負其責任」
(第六十三條),屬治權性質,其職權有議決法律案、
預算案、戒嚴案、大赦案、宣戰案、媾和案、條約案
及其他關於重要國際事項之權(第六十四條),並且
「關於立法事項,立法院得向各院、各部、各委員
會,提出質詢」(第六十五條)。

　　監察院:監察委員之選舉與立法委員同爲國民大
會間接選出,而非由人民直接選舉(第九十條)。
「監察院爲中央政府行使監察權之最高機關…對國民
大會負其責任」(第八十七條);因此監察院爲治權
性質之機關,其職權有「掌理彈劾、懲戒、審計」
(第八十七條)及「爲行使監察權,得依法向各院、
各部、各委員會提出質詢」(第八十八條)。

　　「五五憲草」公佈之後,原擬於民國二十五年十一
月十二日召開國民大會,以「五五憲草」爲基礎,制
定憲法,惟因各省國民大會代表之選舉未能及時辦
妥,翌年便展開抗日戰爭,制憲工作遂不得不暫行停
頓,致使「五五憲草」未能成爲正式憲法。抗戰勝利
後,有識之士行憲之議,甚囂塵上,國民政府乃於民

國三十五年一月十日召開「政治協商會議」，最後達成「憲草修改原則十二條」，作爲制定憲法的參考意見。其中，在有關「國會」的部份，與會各派代表們多倡議廢除國民大會，但由於不爲當時掌有軍政大權的國民黨所接受，經過各黨派再三協商後，國民大會雖仍保留爲有形組織，但其所得以行使權力，卻受到相當大的箝制，已無法與「五五憲草」所賦予的職權相提並論。因此，「一政府，三國會」體制實爲當年政治協商會議中，各方勢力倉促妥協下的產物，並成爲行憲迄今憲政體制仍紛擾頻生的關鍵之一。

中華民國憲法之誕生與施行

　　立基於「政治協商會議」所通過的「憲草修改原則」，民國三十五年十一月十五日召開的制憲國民大會，終於在同年的十二月二十五日三讀通過現行的中華民國憲法，並於隔年的十二月二十五日正式施行。然行憲未幾，便因國共內戰激化，迫使國民政府不得不於民國三十七年五月十日，以制定「動員戡亂時期臨時條款」的方式，凍結憲法部份條文，並在同年十二月十日宣佈全國戒嚴。

　　「動員戡亂時期臨時條款」於三十七年頒佈，其後又分別在民國四十九年、五十五年及六十一年四次修正，經過修訂後的臨時條款，全文如下：「茲依照憲法第一百七十四條第一款程序，制定動員戡亂時期臨時條款如下：

1.總統在動員戡亂時期，為避免國家或人民遭遇
 緊急危難或應付財政經濟上重大變故，得經行
 政會議之決議，為緊急處分，不受憲法第三十
 九條或四十三條所規定程序之限制。
2.前項緊急處分，立法院得依憲法第五十七條第
 二款規定之程序變更或廢止之。
3.動員戡亂時期，總統副總統得連選連任，不受
 憲法第四十七條連任一次之限制。
4.動員戡亂時期，本憲政體制授權總統得設置動
 員戡亂機構，決定動員戡亂機構，決定動員戡
 亂有關大政方針，並處理戰地政務。
5.總統為適應動員戡亂需要，得調整中央政府之
 行政機構、人事機構及其組織。
6.動員戡亂時期，總統得依下列規定，訂頒辦法
 充實中央民意機構，不受憲法第二十六條、第
 六十四條及第九十一條之限制：第一，在自由
 地區增加中央民意代表名額，定期選舉，其須
 由僑居國外國民選出之立法委員及監察委員，
 事實上不能辦理選舉者，得由總統訂定辦法遴
 選之。第二，第一屆中央民意代表，係經全國
 人民選舉所產生，依法行使職權，其增選補選
 者亦同。大陸光復地區次第辦理中央民意代表
 之選舉。第三，增加名額選出之中央民意代表
 與第一屆中央民意代表，依法行使職權。增加
 名額選出之國民大會代表，每六年改選，立法
 委員每三年改選，監察委員每六年改選。

7.動員戡亂時期，國民大會得制定辦法，創制中央法律原則與複決中央法律，不受憲法第二十七條第二項之限制。

8.在戡亂時期，總統對於創制案或複決案認為有必要時，得召集國民大會臨時會討論之。

9.國民大會於閉會期間，設置研究機構，研討憲政有關問題。

10.動員戡亂時期之終止，由總統宣告之。

11.臨時條款之修訂或廢止，由國民大會決定之。」

根據原憲法第四十七條規定，「總統、副總統之任期為六年，連選只得連任一次」，而國民大會代表與監察委員則每六年必須改選一次，至於立法委員之任期則為三年一任。但是憲法既然凍結，蔣介石先生不但不受連任一次的限制，國民大會等三個國會的議員，亦透過大法官會議作成釋字第三十一號及第八十五號解釋而得以無限期延任，民主國家罕見的「萬年國會」於焉形成。尤有甚者，國民大會除了每六年舉行一次形式上的總統、副總統選舉，平時不開會卻領取最高待遇，並享盡天大特權，導致民怨四起，更進而造成其後民選產生的二、三屆國大代表必須背負起一屆國代所留下的「原罪」。

從增補選制度到萬年國會的經結

增補選制度的設置

「萬年國會」雖有憲法以及司法院大法官解釋作為其正當性與合法性的來源，但凍結選舉的結果，不僅難以反應民意，長期下來亦將因代表們年邁力衰，而使得「法統」的實體根據因自然的流變而消滅，進而導致體制合法性出現危機。為解決此一困窘，民國五十五年二月十九日第一屆國民大會第四次會議，乃議決增訂動員勘亂時期臨時條款，授權總統對於選舉產生之中央公職人員，因人口增加或因故出缺，而能增選或能補選之自由地區，及光復地區，均得訂頒辦法實施增補選，使中央民意機關獲得局部的充實。依據此項辦法所選舉產生之中央公職人員，在國民大會代表方面則曰增補選，於立法委員、監察委員則曰增選（參照動員勘亂時期自由地區中央公職人員增選補選辦法第二條）。此乃因國民大會代表任期於次屆國民大會開會之日屆至，於任期尚未屆至之前，凡遇缺皆可由依法申報之候補者遞補之，無候補之遞補者自應辦理補選。相對於此，立法委員與監察委員由於任期固定，從而出缺亦不得由候補者遞補之，自僅得辦理增選。

其後，為進一步反映民意，滿足人民實施民主憲政的要求，國民大會更於民國六十一年二月二十日的

第五次會議中，再次增訂動員勘亂時期臨時條款，授權總統訂定辦法，在自由地區增加中央民意代表名額，並定期選舉，與第一屆中央民意代表共同行使職權。至此，中央民意代表始有部份定期改選。此一「增補選制度」對於當時的「黨國精英」而言可謂相當便利：首先，由於增補選制的創造，使得原本應該隨著時間消逝的「法統」實體的壽命，得以藉此獲得延續。其次，「自由地區」的定期改選制度，緩和了維持「法統」實體所產生的代表性矛盾。再者，在此一制度之下，幾乎仍是由國民黨在大陸選出的不改選議員來行使職權，因此不管選舉結果如何，並不會實質影響國民黨在國會中的地位及政策。然而，儘管如此，「增補選舉制」仍舊無法解決「法統」＝「萬年國會」的尷尬，同時長期以觀，只要無法在大陸地區實施選舉，此種對於「法統」的修補意義都將只是暫時性的，而長期未經改選的「萬年國會」，勢必也須因應外在環境的變遷，有所改革。

萬年國會的結束

　　長達四十年未經改選的「萬年國會」，雖然透過「增補選制」勉強維持某種程度的新陳代謝，但隨著大陸籍代表因年事漸高致使人數不斷減少，相對地「自由地區」所增補出來的代表則比率持續升高，再加上國內外政治、經濟、社會、文化環境產生急邊轉變，國會改革的聲浪日漸高漲，而部份新當選之中生代中央級民意代表以及在野政治人物，也就時以「萬

年國會」相譏，甚至當面指渠等為「老賊」，雖然執政黨方面有鑒於輿論壓力亦開始積極動員勸退，但資深民代們仍以「忍辱為國」自許，置之不理，實則眷戀掌控權力的滋味與優厚俸給的心態作祟，而政府則礙於憲法及司法院大法官有關的解釋，亦束手無策。民國七十五年突破黨禁而成立的民主進步黨，便是藉由民間對於萬年國會廣泛的不滿，以「國會全面改選」、「回歸憲政」為主要訴求，而得以迅速拓展政治版圖。但真正的國會改革仍須遲延至民國七十九年二月，國民黨內部爆發了「主流派」與「非主流派」的權力鬥爭，以及其後資深國代自行通過延長增額代表任期，並增加開會次數等擴權性的決議，引起輿論極大的不滿，終於引發「三月學潮」。據傳，李登輝總統至此遂得以「平息民怨眾怒」，懾服掌控情治兵權的保守派，繼以國是會議之召開，持續推動一連串手法微妙的憲政改革。七十九年六月二十一日，大法官會議配合通過釋字第二六一號的釋文，作成「為因應當前情勢，第一屆未定期改選之中央民意代表除事實上已不能行使職權或經常不行使職權者，應即查明解職外，其餘應於中華民國八十年十二月三十一日以前終止行使職權」之結論。而國民大會亦於八十四年四月通過十條增修條文，其中，確定了第二屆國大代表與立法委員之改選日期、名額與產生辦法。「萬年國會」時代終於宣告結束，第二屆國民大會代表乃於八十年十二月十六日選出，而第二屆立法委員，亦於民國八十一年十二月十九日正式出爐。

綜觀「萬年國會」的終結過程，雖然輿論與學界扮演著一股推波助瀾的力量，但資深代表們對於其法統延續角色的暫時性，亦有所領悟，蓋既然終將壽終正寢，若以自行配合退位，不僅可換來大筆退休金，亦可贏取「國會改制」之美名，何樂不為？故也。

一政府三國會的變動與緩進式國會之改造

　　五五憲草中的國民大會職權，雖經政治協商會議決議修正，而大幅削弱，但其後依據司法院大法官會議於民國四十六年五月三日所決議的釋字第七十六號解釋：「我國憲法係依據孫中山先生之遺教而制定，於國民大會外，並建立五院，與三權分立制度本難比擬。國民大會代表全國國民行使政權，立法院為國家最高立法機關，監察院為國家最高監察機關，均由人民直接間接選舉之代表或委員所組成。其所分別行使之職權，亦為民主國家國會重要之職權。雖其職權行使之方式，如每年定期集會、多數開議、多數決議等、不盡與各民主國家國會相同，但就憲法上之地位及職權之性質而言，應認國民大會、立法院、監察院共同相當於民主國家之國會。」而成為一政府三國會制度。

　　茲將三個國會的職權分別臚列如下：

國民大會：依據憲法第四條及第二十七條之規定，職權計有：選舉總統副總統；罷免總統副總統；修改憲法、複決立法院所提之憲法修正案；創制、複決權，須俟全國有過半數之縣市曾經行使創制、複決兩項政權時，始由國民大會制訂辦法，並實行之；決議變更領土。

立法院：依據憲法第六十三條以及立法院組織法的規定，立法院擁有如下職權：立法權；預算議決權；議決國家其他重要之事項；監督權；任命同意權；修憲提案權；議決國庫補助經費；解決中央與地方之權限爭議；調閱文件權。

監察院：依據憲法第九十條及第九十四條規定，監察院職權如下：彈劾總統或公務人員；糾舉公務人員；糾正行政院及各部會；調查權；審計權；監試權及其他。

但民國八十一年五月，第二屆國民大會鑒於三國會舉世所無，乃在臨時會通過增修條文第十五條（現為增修條文第七條）將同為國會的監察院，重新定位為準司法機構，委員人數大幅縮減。產生方式也由原先的各省市議會選舉產生，改由總統提名，經國民大會同意任命之，並停止適用監察委員原有之國會議員免責權之規定，同時其對司法院與考試院的人事同意權，亦轉由國民大會行使。

八十二年七月大法官會議釋字第三二五號解釋：「本院釋字第七十六號解釋認監察院與其他中央民意機構共同相當於民主國家之國會，於憲法增修條文第十五條規定施行後，監察院已非中央民意機構，其地位及職權亦有所變更，上開解釋自不再適用於監察院。」至此，獨具特色的「三國會」在監察院成為準司法機關後，已走入歷史，而僅存的國民大會與立法院兩個國會的職權，在歷經數次修憲後，亦相對有所變動。為方便日後更容易探討國會緩進調整之苦心修憲過程，茲試就其經過及有關內容彙整如下：

緊接著八十年四月第一次增修條文的通過，八十一年五月，第二屆國民大會民選代表們甫一上任的首次臨時大會，迅即再度修憲增訂：

1.總統每年向國民大會作國情報告、檢討國是，並聽取代表們的國是建言。
2.為順應潮流，精簡台灣過度頻繁的選舉次數，自本屆起，國民大會代表之任期，從六年減短為四年一任。總統任期亦同。
3.國民大會增加如下之人事同意權：

◇司法院院長、副院長、大法官。
◇考試院院長、副院長以及考試委員。
◇監察院院長、副院長、監察委員。

4.將監察院由原來之國會定位，調整為職司彈

劾、糾舉、糾正之準司法機關。

民國八十三年七月的第三次修憲，事關國會部份
臚列有三：

1. 國民大會自第三屆起設議長、副議長。
2. 國民大會的集會次數，從原本六年一次訂為一
   年一次後，再增修為：除一年一次外，有國大
   代表五分之二以上請求召集時，由總統通令召
   集。
3. 自民國八十五年起算之中華民國第九任總統副
   總統之選舉，從國大代表手中，轉交由中華民
   國自由地區之全體公民親自投票選出並以「相
   對多數」方式一次票選產生。

特別記述者，本直選增修條文逕付表決前後，國
大代表間發生極大爭執，蓋以郝柏村為幕後之保守
派，提出「委任直接民選」之修正案強力杯葛，引發
了空前激烈之肢體衝突。當晚十一時，民進黨團策略
性退出會場，讓國民黨內之親李登輝革新派與郝柏村
之保守派對決。翌晨二時，幾度攻防，混戰結果，劃
時代革命性之總統直接民選，在謝隆盛、陳瓊讚、蘇
南成…等人的運籌帷幄以及莊隆昌、陳子欽、蔡重吉
等人的帶頭衝鋒下，一戰成功。作者獨自站在二樓觀
戰，「騎高山看馬相踢」，慨然不禁淚下。謹此記上
一筆，留待後人省思。

八十六年五月，國民大會第四次修憲。

1. 總統發布行政院長與依憲法經由國民大會或立法院同意任命人員之任免命令及解散立法院之命令，無須行政院長之副署。

2. 取消立法院對總統任命行政院長之人事同意權但相對賦予提出不信任案之權。而總統也可以經諮詢立法院院長後，宣告解散立法院重行選舉訴諸民意。

3. 賦予立法院對總統、副總統之彈劾權，但顧及總統既係直接民選產生，又任期已縮短為四年一任，故贊成其彈劾，宜酌限於內亂外患之具急迫性者。除藉以平衡國民大會對總統副總統之罷免權，亦防患其歷來習慣性情緒性之動輒濫用職權，避免造成對國家元首威信之無謂傷害，貽笑國際。（註一）

4. 增加立法委員人數為：第四屆起，自原來一百六十四人增加為二百二十五人。

5. 另行通過「凍省」修憲案。至於合議一併廢除鄉鎮市長及其代表選舉杜絕黑金亂源，則因國民黨「屁面」而未能竟其全功也。

註一：以上三條係詳加檢討前李煥與郝柏村行政院長任內，有以副署權抵制總統行使法定職權之流弊，同時，針對民主素養亟待長期培植的立委諸公，除了自肥苛人，更經常假藉行政院長同意權之行使頻加非難，嚴重損傷政府形象，研議再三，始予決定去除。

從上述監察院的改制以及國民大會與立法院權責之緩進調整，彰顯出國會體制並非不可改變，同時亦相當程度解除了「一政府三國會」的窘態，然而僅存的兩機關彼此之間的關係未來又將何去何從，仍舊是一個亟待解決的問題，以下將進一步探究之。

國民大會V.S.立法院

先針對兩國會之間在任期、員額、待遇等方面，進行一粗略的比較：

	國民大會	立法院
民國80年以前第一屆中央民意代表	任期：六年（憲28） 員額：619人（原3045人，註二） 待遇： 1.公費每月51,730元； 2.研究費每月50,000元； 3.助理補助費每月NT.25,000	任期：三年（憲65） 員額：269人 待遇： 1.公費：42,000元； 2.歲費：41,200元； 3.助理一人，每人每月15,000元。

註二：1946年所選出之第一屆國大代表法定總額應有3045人，然而在經過司法院大法官會議於1960年3月12日所作出之釋字第八十五號解釋中，對國大代表總額進行重新的定義：「憲法所稱國民大會代表總額，在當前情形，應以依法選出而能應召集會之國民大會代表人數為計算標準。」因此第一屆國大代表迭經多次增補選，在扣除死亡及依第一屆中央民意代表退職條例退職者，具備參加本次國大臨時會資格之代表，加上1986年所選出之增額國代84人，共計有619人。

	4.代表事務費每月6,000元; 5.出國考察旅費補助每年150,000元。 **職權** 1.選舉總統副總統; 2.罷免總統副總統; 3.修改憲法; 4.複決立法院所提之憲法修正案; 5.創制、複決權(憲27);關於創制複決兩權,俟全國有過半數之縣市曾經行使創制複決兩項政權時,由國民大會制訂辦法,並實行之。 6.變更領土(憲4)。	**各會期通過法案數:** 1.第86會期:法律案24件;廢止法律案1件;預算案1件;條約案1件;行政命令35件。 2.第87會期:法律案18件;廢止法律案4件;預算案4件;行政命令31件。 3.第88會期:法律案22件;條約案1件。 4.第89會期:法律案37件;廢止法律案2件;預算案4件;行政命令57件。 5.第90會期:法律案27件;預算案1件;條約案1件;行政命令12件。
	國民大會	**立法院**
第二屆中央民意代表	**任期**:四年多(自民國81年1月1日至85年5月19日) **員額**:325人(註三) **待遇**: 1.助理費每月40,000元; 2.郵票文具費每月8,800元; 3.電話費每月6,000元; 4.交通費每月10,200元; 5.選民服務費每月35,000元; 6.出國考察旅費每年139,500元。 **職權** 1.補選副總統; 2.提出總統、副總統罷免案	**任期**:三年 **員額**:161人 **待遇**: 1.80年7月起助理兩人,每人每月25,000元;81年2月起助理四人,每人每月25,000元; 2.公費:每月56,300元; 3.歲費:每月54,000元。 **各會期通過法案數:** 1.第一會期:法律案25件;廢止法律案12件;預算案4件;條約案1件;本院內規1件。 2.第二會期:法律案20件;

註三:二屆國大選舉結果共選出325位國代,但若再加上1986年選出之80位增額國代,共計其總額為403位。

	3.議決監察院提出之總統、副總統彈劾案； 4.修改憲法； 5.複決立法院所提之憲法修正案； 6.同意權：民國81年5月增加對總統提名之司法院正副院長、大法官、考試院正副院長、考試委員、監察院正副院長、監察委員之人事同意權； 7.聽取總統國情報告並提供國是建言； 8.每年至少集會一次； 9.增設議長、副議長； 10.國民大會行使職權之程序，由國民大會訂之。	廢止法律案7件；本院內規2件。 3.第三會期：法律案16件；預算案1件。 4.第四會期：法律案69件；廢止法律案3件；預算案1件；本院內規1件。 5.第五會期：法律案36件；預算案2件。 6.第六會期：法律案35件；預算案3件。
第三屆中央民意代表	任期：四年 員額：334人 待遇： 1.助理一人，每人每月50,000元；（註四） 2.郵票文具費每月8,800元； 3.電話費每月6,000元； 4.交通費每月10,200元； 5.選民服務費每月50,000元； 6.出國考察旅費每年75,000元（註五）。	任期：三年 員額：164人 待遇： 1.助理八人，每人每月50,000元，計400,000元； 2.文具郵票費每月10,000元； 3.電話費每月10,000元； 4.交通費每月48,000元； 5.國外考察旅費每年320,000元； 6.月費每月：82,960元；

註四：八十七年五月，立法院自行將原助理六人，每人每月50,000元，增加為助理八人，而將國代之助理二人減為一人。

註五：同時，將原出國考察旅費20萬增列為32萬，而把國大代表之15萬元考察費減半。

職權：	7.公費每月82,960元；
1.補選副總統；	8.研究室租金補助每月20,000元；
2.提出總統、副總統罷免案；	9.研究補助費每月8,333元；
3.議決總統、副總統彈劾案；	10.油料費每月10,980元；
4.修改憲法；	11.辦公事務費每月6,288元；
5.複決立法院所提之憲法修正案；	12.開會期間膳費每天280元；
6.司法、考試、監察三院之人事同意權；	13.助理業務活動費每年18,000元；
7.聽取總統國情報告並提供國是建言；	**各會期通過法案數：**
8.每年至少集會一次；	1.第一會期：法律案6件；預算案1件；重要政策移請變更案1件；本院內規1件；其它議案4件。
9.增設議長、副議長；	2.第二會期：法律案29件；預算案1件；覆議案1件。
10.國民大會行使職權之程序，由國民大會訂之。	3.第三會期：法律案87件；廢止案5件；預算案4件；其它議案1件。
	4.第四會期：法律案41件；預算案1件；其它議案3件
	5.第五會期：法律案41件；廢止案1件；預算案1件。

綜觀上表，兩機關雖並列為國會之尊，但在待遇上卻有明顯的差異：一屆國代每六年才開會一次，且幾僅行使選舉總統副總統（保蔣公），卻在待遇上較之立法委員為高，實在沒有道理。然而，自第二屆以降，國民大會每年均須集會一次，且行使的權限亦隨著體制的調整而逐漸增多，再加上近年來為因應外在

環境的變遷而具有修憲的迫切性，加重了國大代表們的工作負擔，但待遇反降。再者，立法委員如蕭裕珍、沈富雄之流，囂張跋扈，動輒辱罵國大代表為立法院的二軍不如，最多三軍，大大打擊國大代表們為民服務的士氣。而近五年來，觀諸立法院立法的嚴重懈怠、法案堆積如山（上千法案遭立委諸公擱置，卻為作秀吵翻天）、預算審查有如拍賣減價，甚至動輒要將總統府、監察院與國民大會的預算全數刪除，立法院除了自肥作秀，又為人民做了多少事？相較之下，國民大會自二屆民選以來，代表們雖亟欲振作，但經費卻均遭立委砍殺，連委員會的設立都遭到否決，助理亦僅准編列一名（沈富雄說砍得痛快）。凡此種種，均讓本席對於那些強佔糞坑唱歌不拉屎的立委心態與素質之惡劣至為鄙視（註六）。

歷年來國會改造修憲提案與各國的經驗

以下將先就我國近年來所提出的國會改造修憲提案，以及西方各國的經驗進行解析，以試圖歸納出我國未來國會改革的可能方向：

註六：沈富雄在恐怖統治的年代，很聰明溜美學醫得博士。解嚴了，衣錦返台當立委，把該是所學專長的健保法搞得低收入者遍地哀嚎，卻大言不慚罵盡天下人，批進天下事。蕭裕珍因為太亂來被民進黨開除。

歷年來國會改造修憲提案

	單一國會	廢除國民大會	調整國民大會職權
第二屆國民大會臨時會		第28號、第48號	第4號、第7號、第8號、第20號、第77號、第89號、第108號、第109號、第110號、第131號、第144號
第二屆國民大會第四次臨時會	第57號、第82號	第10號、第33號、第38號、第83號	第4號、第44號、第45號、第68號、第69號、第71號、第72號、第73號、第76號、第87號、第88號
第三屆國民大會第一次會議	第99號	第12號、第23號、第68號、第100號	第2號、第58號、第109號
第三屆國民大會第二次會議	第85號、第90號	第1號、第79號、第90號、第107號、第108號、第109號	第6號、第7號、第9號、第22號、第33號、第34號、第41號、第49號、第114號、第117號

　　綜上以觀，歷年來有關國會改革的修憲提案，若非是以兩院制為目標而進行國民大會職權的調整，便是欲將國會體制進行根本性的改革。然而，無論是完全廢除國民大會，或是欲將國大的地位提升至相當於兩院制中的上院地位的修憲提案，在提案數量上皆遠不及於針對國民大會職權進行調整的提案。就此以觀，似乎可預知未來國會改革的方向應偏向較為緩和

式的修正，而激烈性的改革，無論是兩院制，抑或是廢除國大的一院制主張，其推動都將面臨極大的阻力。

各國的經驗

一院制			兩院制			
民主先進國家			民主先進國家			
國家 (或地區)	人口數 (以千人為單位)	國會 成員人數	國家 (或地區)	人口數 (以千人為單位)	國會成員人數	
					上院	下院
南韓	44,834	299	美國	263,057	100	435
希臘	10,493	300	日本	125,362	252	511
匈牙利	10,231	394	德國	81,912	68	672
葡萄牙	9,906	230	英國	58,586	1198	651
瑞典	8,826	349	法國	58,172	321	577
以色列	5,386	120	義大利	57,386	326	630
丹麥	5,223	179	西班牙	39,188	255	350
芬蘭	5,101	200	波蘭	38,641	100	460
挪威	4,355	165	加拿大	29,463	104	295
紐西蘭	3,586	99	澳大利亞	18,025	76	147
冰島	269	63	荷蘭	15,487	75	150
			捷克共和國	10,346	30	200
			比利時	10,064	71	150
			奧地利	8,063	63	183
			瑞士	7,039	46	200
			愛爾蘭	3,590	60	166
			盧森堡	409	21	60

一院制			兩院制			
獨裁或經濟落後國家			獨裁或經濟落後國家			
國家 (或地區)	人口數 (以千人爲單位)	國會 成員人數	國家 (或地區)	人口數 (以千人爲單位)	國會成員人數	
					上院	下院
孟加拉	120,093	330	印度	935,744	245	545
Virgin Islands	97,800	15	印度尼西亞	195,283	1000	500
越南	74,545	395	巴西	155,822	81	513
土耳其	62,526	450	俄羅斯	147,168	178	450
伊朗	61,271	270	巴基斯坦	140,497	87	217
埃及	59,695	454	奈及利亞	95,434	91	593
烏克蘭	52,003	450	墨西哥	91,145	128	500
緬甸	46,527	492	菲律賓	70,011	24	204
薩伊	43,901	11	泰國	58,791	270	391
肯亞	28,626	202	衣索比亞	55,053	117	548
蘇丹	28,098	300	南非	41,465	90	400
坦尚尼亞	28,072	280	哥倫比亞	35,099	102	163
阿爾及利亞	27,939	200	阿根廷	34,587	72	257
摩洛哥	26,980	333	羅馬尼亞	22,693	143	341
秘魯	23,489	120	委內瑞拉	21,844	53	199
巴布亞紐幾內亞	23,489	109	尼泊爾	20,093	60	205
北韓	23,487	687	馬來西亞	19,948	69	192
烏茲別克	22,886	250	哈薩克	16,669	49	49
伊拉克	20,413	250	智利	14,210	47	120
烏干達	18,659	214	南斯拉夫	10,555	40	138
斯里蘭卡	18,090	225	多明尼加共和國	7,823	30	120
莫三比克	17,889	250	波利維亞	7,414	27	130
沙烏地阿拉伯	17,880	61	海地	6,589	27	83
迦納	16,472	200	巴拉圭	4,828	45	80
馬達加斯加	14,763	138	克羅埃西亞	4,495	68	127
敘利亞	14,313	250	吉爾吉斯	4,483	70	35
象牙海岸	14,253	175	約旦	4,187	40	80
喀麥隆	13,233	180	Puerto Rico	3,725	29	53
葉門	13,058	17	烏拉圭	3,186	31	99

一院制			兩院制			
獨裁或經濟落後國家			獨裁或經濟落後國家			
國家 (或地區)	人口數 (以千人爲單位)	國會 成員人數	國家 (或地區)	人口數 (以千人爲單位)	國會成員人數	
					上院	下院
安哥拉	11,558	220	剛果	2,590	60	125
厄瓜多	11,460	77	牙買加	2,520	21	60
辛巴威	11,261	10	茅利塔尼亞	2,274	56	79
古巴	11,068	589	賴索托	2,050	33	65
瓜地馬拉	10,621	80	斯洛維尼亞	1,971	40	90
白俄羅斯	10,332	260	那米比亞	1,651	26	72
布吉納法索	10,324	107	巴札那	1,549	15	46
馬拉威	9,939	177	千里趨扺把駓和國	1,265	31	36
柬埔寨	9,608	120	史瓦濟蘭	913	30	65
尙比亞	9,456	9	斐濟	791	34	70
尼日	9,151	83	Reuion	660	47	45
馬利	9,008	116	巴哈馬	276	16	49
突尼西亞	8,896	163	巴貝多	265	21	28
保加利亞	8,406	240	貝里斯	216	9	29
賽內加爾	8,312	120	法屬圭亞那	145	19	31
盧安達	7,855	70	聖露西亞	143	11	17
亞塞拜然	7,525	125	格瑞那達	92	13	15
幾內亞	6,700	114	Isle of Man	69.8	10	24
查德	6,361	57	安地卡及巴布達	63.9	17	17
香港	6,205	60	百慕達群島	61	11	40
蒲隆地	5,936	81	北馬理亞納群島	59.4	9	18
塔吉克	5,832	181	美屬薩摩亞	57	18	21
薩爾瓦多	5,768	84	馬紹爾群島	56.2	12	33
喬治亞共和國	5,514	235	瓜達康納爾島	43.4	42	41
宏都拉斯	5,512	128	帛琉	16.9	14	16
貝南	5,409	83				
利比亞	5,407	750				
斯洛伐克	5,355	150				
寮國	4,882	85				

一院制			兩院制			
獨裁或經濟落後國家			獨裁或經濟落後國家			
國家 (或地區)	人口數 (以千人為單位)	國會 成員人數	國家 (或地區)	人口數 (以千人為單位)	國會成員人數	
					上院	下院
獅子山	4,509	127				
摩爾多瓦	4,346	104				
尼加拉瓜	4,340	92				
巴拿馬	4,302	72				
多哥	4,138	81				
土庫曼	4,081	50				
立陶宛	3,700	141				
亞美尼亞	3,548	190				
厄利垂亞	3,531	150				
波士尼亞	3,459	240				
阿爾巴尼亞	3,412	1400				
哥斯大黎加	3,334	57				
中非	3,141	85				
黎巴嫩	3,009	128				
新加坡	2,989	87				
拉脫維亞	2,515	100				
賴比瑞亞	2,380	35				
蒙古	2,307	76				
阿拉伯聯合大公國	2,195	40				
阿曼	2,163	90				
馬其頓	2,104	120				
科威特	1,691	50				
愛沙尼亞	1,487	101				
加彭	1,156	120				
模里西斯	1,128	70				
幾內亞比索	1,073	100				
不丹	816	152				
賽普勒斯	806	80				
蓋亞內	770	65				

一院制			兩院制			
獨裁或經濟落後國家			獨裁或經濟落後國家			
國家 (或地區)	人口數 (以千人為單位)	國會 成員人數	國家 (或地區)	人口數 (以千人為單位)	國會成員人數	
					上院	下院
吉布地	586	65				
卡達	579	35				
巴林	579	30				
葛摩伊斯蘭	545	42				
蘇利南	430	51				
澳門	428	23				
赤道幾內亞	396	80				
維德角	392	79				
所羅門群島	382	47				
馬爾地	370	65				
汶萊	291	21				
馬爾地夫	253	48				
法屬波里尼西亞	220	41				
西撒哈拉	218	5				
荷屬安地斯群島	201	22				
新蘇格蘭	187	54				
萬那杜	168	46				
西薩摩司	166	330				
關島	149	21				
聖多美普林西比	131	55				
Mayotte	116	17				
聖文森	112	21				
密克羅尼西亞	105	14				
東加	100	30				
英吉利島嶼	87.6	58				
吉里巴斯	80.4	41				
賽席爾	75	33				
Aruba	72.7	21				
多米尼克	72.1	31				

一院制			兩院制			
獨裁或經濟落後國家			獨裁或經濟落後國家			
國家 (或地區)	人口數 (以千人爲單位)	國會 成員人數	國家 (或地區)	人口數 (以千人爲單位)	國會成員人數	
					上院	下院
Guernsey	65	60				
安道爾侯國	62.9	28				
格陵蘭	55.8	31				
Faroe Islands	43.7	32				
甄斯殉屁繖	39.4	15				
列之敦斯登侯國	30.9	25				
摩納哥侯國	30.4	18				
直布羅陀海峽	28.1	18				
聖馬利諾	24.9	60				
諾亞	10.4	18				
吐瓦魯	9.4	12				
小計：共139個國家			小計：共71個國家			

資料來源：1995 Britannic Book of the Year (Chicago: Encyclopedia Britannica, 1995) p.758-769

　　上表列舉之民主國家，係依照「經濟合作暨發展組織」(OECD)所認定二十七個民主國家所製成。另根據一九九五年版《大英百科全書》，整理出全世界二百一十四個國家所採行之國會體制，以附件方式提供參考。

　　表面看來，雖然採行一院制國會的國家，遠多於施行兩院制國會的國家（幾近二比一）。但仔細觀察發現，在採行一院制的十一個民主國當中，其全國人

口數，除了南韓，均皆一千萬人以下之小國。其餘的一百二十餘國，不是共產國家，便是十分獨裁或多災多難，尤以二次大戰後新興的亞非落後國家為多。反觀民主先進的國家，則絕大多數採行兩院制國會制度。由此觀之，具有相互監督制衡而不致造成議會獨裁鴨霸的兩院制國會，雖有其難免之缺點，但似可視之為民主化國家鞏固民主體制的利器之一。只是我們國情特殊一如前述，各黨各派倘非彼此禮讓，捐棄一私之見，以國計民生為重，接受變通調整，必然窒礙難行途勞無功。至於厚責「取長補短」為四不像，而堅持全盤取經者，宜應有所反思矣。

國會改革之可能途徑

健全的國會與高行政率的政府，乃追求安和樂利的民主國家所展現一體之兩面。有人說：國會是社會的縮影，有什麼樣的人民就會選出什麼樣的代議士；而什麼樣的代議士就組成什麼樣的國會。當然什麼樣的國會，影響所及，自然形成什麼樣的政府。於是，反向探討我們的社會一片譴責政府無能的聲浪，究其因，是否長期身處蔣家獨裁專制的白色恐怖統治下，一旦解除戒嚴的台灣社會，不幸發生了人民對自由認知的落差？當我們的民主素養普遍跟不上劇烈轉變的時代脈動，所選出的代議士大多除了成天咆哮漫罵，徒令學有專長的公務人員動輒得咎、無所適從，其才

能是否因而受到壓抑有以致之？有鑒於此，探討再三，法律面與制度面的變革調整，自應為吾人所重視，而執其鞭者，無非國會是也。

國會功能

首先，就國會所應具備之功能以觀，約可歸納如下：

1. 代表人民的功能：由人民推舉代表彙整民意，有系統地向政府機關提出需求，此實為代議政治之所以形成的主因。
2. 制定法律的功能：為落實人民所提出之需求，將其制定成為法律，並對行政機關形成拘束力，亦為代議政治中國會的另一項功能。
3. 監督官員的功能：除了積極地代表人民向政府提出需求外，國會在消極面上亦有監督官員、防止貪污舞弊所導致的對人民的傷害。
4. 整合社會的功能：國家常由不同地域、階段、宗教、語言和民族所組成，因此社會中不免存在著大大小小的衝突，此種衝突若經由國會多方辯論與表決之下作成決議，或能產生仲裁、協調與妥協的作用，並促使矛盾與衝突的消弭。
5. 保障人權的功能：國會既為人民之代表，必將以保障人民的生命、自由及財產權為其職志，亦因有國會為其後盾，人權的保障始能更為確

實。

6.控制行政的功能：在民主政治下，政府施政必
　須以民意爲依歸，凡事均要接受國家法律的指
　揮或指導，此乃基於監督制衡的觀點，以防止
　政府機關施政時危及人民利益或國家安全。

　　在功能取向的前提下，政府與國會的結構與制
度，均有因應需要而隨時調整革新的必要，而其調
整，必也產生難免之擴權削權之實。然而，反觀我國
現況，正如上節所述，即因國民大會與立法院兩機關
間存在已久的心結，而造成如上之國會功能難以發
揮，而正因其「功能不彰」，已爲全民所共怨，故爲
健全國會功能，確實負起福國利民所應扮演的角色，
國會制度的改革，的確有其必要性！因此，以下將針
對美、法、日等民主先進國家國會成功運作的經驗進
行探究，以爲我國國會改革之借鏡。

美、日、法三國國會之運作

　　美、法、日三國均爲兩院制國家，在實際運作
上，雖因各國歷史文化背景及制度設計的不同，而有
所歧異（註七），但整體而言，仍有其共通性存在。茲

註七：美國位處美洲，爲總統制國家；法國在歐洲，行雙首長
制；日本則身處亞洲，屬內閣制國家。另美國國會參、眾兩院的
職權雖略有不同，但在地位上實爲平等的兩院；至於法、日兩國
的國會，在平時兩院共享大多數的權力，但若兩院意見不一致
時，則傾向以國民議會或眾議院爲優先，但參議院仍扮演著制衡
眾議院的角色。

臚列如下：

1. 三國均為三權分立憲政體制下的兩院制立法機關，除美國外，法、日兩國對法案決議存有歧異時，皆採行「眾議院優先主義」，以眾議院的決議為最終決議（此乃因美國係聯邦國家，而法、日為單一國家所致）。

2. 國會兩院共享立法權，法案之通過須兩院分別通過，對立法品質有一定的保障，同時也更能彙集民意並整合不同政黨或利益團體之立場，雖有可能影響立法效率，但較符合民主政治之精義。且各國在憲法或相關法律上，多明文規定如有發生歧異時的解決方式，以避免政治僵局或立法懈怠。

3. 國會兩院共享調查權及彈劾權，再加上健全的「聽證制度」，使得國會得以有效監督政府依法行政。

4. 國會兩院共享修憲提案權。（但最終批准方式不一）

綜合上述三國的國會經驗，再立基於我國現存的國民大會與立法院兩民意機關以觀，基本上一個健全的「兩院制國會」似可作為眼前改革我國中央民意機關的參考原則。而為提升國家競爭力並建立全民擁護政府的共識，改革國會、加強監督政府的機制，以提振政府行政功能與效率，實已成為多數民眾「燃眉之急」的期待。但此一迫切的需求，卻因兩機關間存在

已久的「宿怨」，遲遲懸而未決。

國會現況與調整途徑之思考

　　由於國民大會已幾乎完全喪失選舉權與罷免權，
且創制複決權又被凍結的情況下，國民大會之政權機
關角色，實已面目全非，從而有倡議廢除國大之聲
浪。然而，根據憲法增修條文，國民大會又被賦予對
司法院、考試院與監察院行使人事同意權，此外，對
於立法院所提出之總統、副總統彈劾案，倘經國民大
會代表總額三分之二同意，即應解職，凡此種種，在
在顯示，國民大會在某種程度上亦扮演著部份國會的
角色，加之，立法委員經常自肥、立法嚴重懈怠、預
算審查極度草率…等重弊，亟待制衡，因此，似不應
輕言廢除。未來，無論國民大會的命運爲何，其所扮
演的憲政角色都有加以調整的必要，爲發揮我國國會
正常功能，其調整途徑，就台灣當前之情勢以觀，論
者認爲約有：

1. 廢除現存之國民大會與立法院，重新建立新國
   會。
2. 廢除國民大會，充實立法院權責。
3. 廢除立法院，正名國民大會爲國會。
4. 合併國民大會與立法院爲單一國會。
5. 現制改良。

　　就以上主張研究，約可得出以下三種模式，茲分

就制度優劣性、憲法條文的修正及可行性三面向進行評估，分析如下：

兩院制國會：分為「平權式兩院制」及「不對稱兩院制」

　　首先，就學理上分析，兩院制國會具有如下的優點：

1. 可阻止一院制國會「議會專制」的弊端。
2. 可集思廣益並免除輕率、欠考慮、激進立法之弊，而大幅提升立法功能與品質。
3. 保障少數階級或族群。
4. 擴大參選空間，培養政治人才。
5. 第一院倘遭解散，第二院的存在，可免除國家陷入「無國會狀態」。
6. 第二院可作為政府與第一院間的調和機構，緩和行政與立法之衝突。

　　至於兩院制的缺點：

1. 有礙於國民意志之統一。
2. 兩院互相牽制，發生衝突時，若無相關的配套設計，立法將因而陷入僵局而有所遲延。
3. 共同行使立法權，在機制上應有妥善的配套，否則兩院易生推諉之心。

　　兩院制之下，國會分設為兩個機關，分別開會，兩機關決議一致時，方可視為通過。但相對於此者，

若議案毋須經兩機關議決，則即便設有兩個立法機關，亦不能視之為兩院制國會（如我國的國民大會與立法院）。因此，若欲施行兩院制，不論是採行美國式的「平權兩院制」或是如日本的「不對稱兩院制」，在落實到我國憲法當中時，皆須進行如下修正：

1. 凍結憲法第二十五條，使國民大會不再被定位為政權機關。
2. 國民大會職權須大幅修訂。
3. 國民大會與立法院共享最高立法權會期相同，所有法案均需兩院同意才算通過，若兩院意見不一時，應規定解決方法。
4. 修憲權由兩院共享。
5. 兩院任期必須一致。
6. 兩院的組成方式應有所差異，除直接民選（例如，美國）、間接民選（例如，法國）或任命（例如，德國）、或整體選出，再挑其中三分之一（例如，冰島）或四分之一（例如，挪威）為國民大會代表，其餘為立法委員，可採其一或混合參採。
7. 國民大會的人數應大幅減少，並須少於立法院。

◎可行性之評估：

此一構想並非完全不可行，但其獲廣泛支持的機

率甚低,主要係基於如下理由:

高門檻的修憲程序:國民大會修憲須經四分之三以上同意,因此只要有四分之一的成員反對,就不可能通過。

立法院的強大反彈:凡改革均必然會面臨既得利益者的強烈反對。採行兩院制,勢必會對立法院的權責產生影響,再加上,立法院與國民大會間的對立由來已久,其可能的反彈便可想而知。

政黨內部意見紛歧:現有政黨內部對兩院制國會仍舊意見紛歧,尚待達成共識。

行政首長的掣肘:官員為免麻煩,亦會加以阻礙。

民意及輿論的不支持:單就長期以來國人對於國民大會的不良觀感,此種被視為擴權的作法,恐將引發強大的反對壓力。

修憲工程艱巨:須修正的憲法條文眾多,再者,由於其所涉及之修憲幅度極大,而有引發「制憲」的疑慮。

一院制國會:廢除國民大會

首先,就學理上分析之,一院制國會具有如下優點:

1.民意統一，不致加深原本的社會分裂。

2.責任明確。

3.合乎經濟。

4.議事效率較佳。

　　而其缺點，則是因缺乏監督制衡，導致議會易流於專斷腐化，或產生立法懈怠，且議事進行亦會敷衍草率，並容易造成干擾政府行政功能。

　　一院制雖為我國現行的實際狀況，但若要真正成為「名符其實」的一院制，仍須修正憲法的相關條文：

1.廢除國民大會，其原有職掌完全劃歸立法院，修憲權改由立法院行使，或由立法院提案後交由公民進行複決。

2.國民大會的領土變更議決權，應改為由總統或立法院提案交由公民進行複決。

3.憲法本文的國民大會專章應予廢除，或由憲法增修條文全數凍結。

4.刪除現行憲法增修條文中，國民大會「聽取總統國情報告及檢討國是，提供建言」之規定。

5.增訂立法院享有審計權、調查權、聽證權之條文。

◎可行性之評估：

　　依目前國內的現實政治環境分析，欲透過修憲途徑採取一院制國會體制，其機率較之採行兩院制更低，幾乎接近於「零」，主要基於如下理由：

　　高門檻的修憲程序：在修憲須經國民大會四分之三以上同意的高門檻設限下，欲完成一院制修憲計劃，可謂困難重重。

　　政黨內部意見紛歧：即便是向來主張廢除國民大會的民進黨內部，仍有為數不少的國代們有意採取兩院制的國會體制。再加上，其他黨派大多主張維持現制，實難有建立一院制國會的共識，可能性微乎其微。

　　意識型態的禁忌：國民大會的存續，對國民黨而言，乃象徵中華民國法統的維繫。廢除國民大會的主張，將會再度挑起不同意識型態者的紛爭與衝突，甚至進而演變成「統獨大戰」。

　　「自廢武功」有其困難：要求既存機關運用其擁有之職權，自廢武功；尤於立法委員自命不凡，歧視國代為「二軍乃至三軍」，實為緣木求魚。

　　修憲工程浩大：一院制國會體制，除須凍結憲法本文的國民大會專章，及其他涉及國民大會的條文外，尚須調整憲法本文中立法院、行政院、總統及其他機

關的組織與職權,此種形同「制憲」之舉,通過可能性不問可卜。

立法院無能承接國民大會之職權:在目前國民大會權責有限,立法院幾乎獨攬國會權力的現況下,原本已無法承擔其本身應發揮之功能的立法院,在廢除國民大會後,其表現將更不堪聞問。

有造成立法獨裁之虞:依現行立法院之職權暨其表現,已使行政權相對脆弱,倘廢除國民大會,將其職權移轉給立法院,則行政院將更形弱化無能。

民意輿論未必支持:在立法院議事效率未有所改進,而委員素質又未能提升之前,採行一院制而為人民所廣泛支持的可能性,亦有疑問。

現制改良下的一大一小另類兩院制

以立法院為主,國民大會為輔之不對稱另類兩院制,維持國民大會,惟將其定位與功能稍作調整。

如前所述,由於兩院制與一院制的可行性很低,加上「廢國大」的口號一直是黨外檯面上人物的痛,如今國大代表在自廢武功的總統直選後,民進黨廢除國民大會的主張,雖得到不少民眾的響應,但受到四分之三修憲的高門檻,以及叫一位眷愛生命者自我了斷的想法有違人性,可以斷言,倘非相關各方理性讓

步，代之以變通方案過渡，死抱教條，一味堅持己見而不考慮他黨立場與苦衷，在國民黨掌控絕對多數席位的國民大會，注定沒有通過修憲的可能。換句話說：一切回到原點，爛死也罷。然者，面對二十一世紀，社會國家繼續進步繁榮，政府的行政效率必須提振，在政府再造工程已到刻不容緩的大環境壓力下，國會要非建構互動互補的機制，否則再怎麼自律，立法院浮濫的預算審查，以及嚴重的立法怠惰與草率，恐無改善反有益形囂張專橫的實際。國會改革在今日的台灣，不應再是意識型態或面子意氣之爭，而應從政治文化以及現實面考量才是全民之福，因此，倘若繼續維持行之有年的立法院現行基本職權，並在此基礎上，參酌先進國家國會成功運作的共同範例，先將被憲法定位為最高政權機構的國民大會，重為界定成治權性質的機構，使二者在良性互動的前提下，令國會的功能得以發揮，議事運作的效率得以增進，似為比較可行的理性方案。辦法：

1. 凍結憲法第二十五條，使國民大會不再被定位為政權機關，　並將之重新界定為治權性質的「國會機關」，國民大會的領土變更議決權及創制複決權，應交由全體國民行使。
2. 修憲權由國民大會與立法院共享，其餘現行憲法所賦予的權力則予以保留。
3. 立法權僅能在立法院產生立法懈怠時，方能移送國民大會協助審議。兩機關預算則由兩機關互審或交聯席會議合審。

4.縮小國民大會的規模，並改變其產生的方式，
  以便與立法院有所區別；
5.兩院任期均改爲四年。
6.充實國會調閱、調查，以及聽證權。

◎可行性之評估：

爲短期間內，可行性較高的方案。

改革幅度最小：維持國民大會之組織，惟釐清國民
大會之地位與功能，改革阻力較小。

較易凝聚共識：屬於現制改良，較易獲得共識。

結語

民國八十年動員戡亂時期臨時條款停止適用，李
登輝所領導的政府繼成功的台灣經濟奇蹟後，又大幅
開放民主自由的腳步。雖然整個體制得以不經流血革
命而步入現代民主體制，但也因爲急速的轉變，讓官
民雙方適應不良，不僅導致自由與法治的界限模糊，
更造成因價值觀紊亂，而使民主政治的正常運作遭到
意外嚴重的挫折。其中，民意代表素養的日益敗壞，
影響所及，政府的行政能力受到空前掣肘。社會治安
的好壞，實繫於法治紮根基礎的穩固與否，而法治的

槃根，立法機關的國會效率自為關鍵因素，固然徒法不足以自行，但沒有適應新時代的法律得以遵循的台灣社會之所以亂象叢生，只要看目前堆積如山的法案、議事效率極度低落便可窺見一二，因此國會實已達非改革不足以迎接新世紀挑戰的地步。

　　我國的「國會」從早先由國民大會、立法院及監察院的「三國會」體制，經過數次修憲，雖暫時解決了三國會所衍生的問題，但隨之而來的卻是更為棘手的兩個國會間，長此以往的對立與衝突關係未來該何去何從的問題。理想的國會，應能充分掌握民意脈動，忠實地反映民意要求，有效監督政府施政，善盡為民謀福之重要功能。但觀諸我國近年來掌握著主要國會權限的立法院的表現，與全民之殷切期待，有相當之落差，其功能之不彰，實有進行積極改革之必要。因此，未來若繼續朝向一院制發展，國家前途將更令人憂心忡忡；但過於激進的直接過渡到兩院制，又將引起激烈反彈；從而較為漸進式的途徑，且改革阻力較小的，應是採取現制改良下的一大一小兩院制，亦即以立法院為主、國民大會為輔之不對稱另類兩院制，亦即略為調整並釐清國民大會的職權與定位，此一方案，在短期內，可行性相當高。

　　國會實為社會的縮影，最能反映社會的特質與演變。近年來，我國在政治、經濟及社會方面均經歷重大變遷，社會規範基礎急速鬆動，新的社會價值體系又未及建立，以致於政治日趨惡質化，連帶敗壞國會

機能之運作。健全國會功能，長期以觀，應從重整政治文化與政治道德著手，但短期之內，為促使國會得以發揮效能，仍須先就制度設計上，朝向制衡與監督機能的強化，而不應反其道而行地採行一院制，畢竟，國會機制若能運作自如，全民均將受惠。

第2章
國會制度改革之研究

前言

我國國會的現況與檢討

當代國會類型評析

美、法、日三國國會經驗

我國國會制度改革之可能途徑

結語

前言

本研究案的背景

民國八十六年七月國民大會修憲之後,社會輿論對於中央民意機關－國民大會與立法院－之結構與功能未能趁機有效調整,以革除兩會爭議及立法功能不彰等積弊,已感不耐;本會遂於憲政改革常委會決議下,就「國會制度改革」進行研究,並推九人小組,由三黨各舉三名常委司其事,且為工作方便,自九人中推舉三人為執筆小組,另聘三位學者專家為憲政顧問,積極從事。近八個月來,九人研究小組共召開會議四次,執筆小組及憲政顧問開會研討十五次,方才完成初稿。

本研究案的目標

本研究案旨在評比民主先進國家常見之國會制度,分析其利弊長短,再參酌我國國情,提出優點較多且可行性較高的建議方案。在廣徵民意,共同參與的構想下,決議放棄黨派意識型態並以最通俗的語句深入淺出,寫成本文。初稿完成之後,並擬在北、中、南三區及有興趣主辦的縣市,與媒體記者,舉辦公聽會,廣徵意見領袖及民眾之意見,結束之後,再出三人執筆小組及憲政顧問,重行彙整,送請常委會核備定稿,俾作為往後修憲時參考採擇。

國會的重要性

民主國家的主人乃是人民，尤其是公民。以民為主、主權在民的政治，才是民主政治，才是「天下為公」、「天下者天下人之天下，非一人之天下」的政治。然而，大多數的人民，平常都忙於個人生計，為柴米油鹽而奔忙，有的人雖然生活優裕，卻對政治不感興趣。因此，為確保「人民自己統治自己」的民主體制，只好推派國會議員來代表人民。議員們組成「國會」，來制定民意所要求的法律，交由政府官員去執行。

民主國家設置國會來代表人民制定法律規範，監督中央政府官員，這種「代議政治」的民主制度，畢竟沒有凡事由人民直接作主的「直接民主」來得徹底。然而，這也是情非得已的事，因為世界上的國家，人口數少則幾十百萬、多則數億，不可能有如此巨大的集會所；或因社會變遷快速、科技日新月異，許多事務非一般民眾所能理解與判斷而無從監督。因此，民主政治幾乎必然是「代議政治」；人民用投票的方式，授權國會議員在專家學者協助下去制訂憲法或法律，使全國人民有各種法律規範以監督政府和官員，達成效忠國家服務人民的目的。

政府官員也是有七情六慾的人，他們難免會有權力慾和自私心，如果不嚴加監督和控制，不但容易利用職權，貪污浪費，而且容易怠忽職守、違法亂紀或侵犯人權。準此，國會好比手執韁繩的牧童或農夫，

沒有好的駕御，力大無窮的牛隻，不但不會耕田賺錢，還可能亂闖肇禍，或傷及主人。

國會至少可以發揮以下幾種功能：第一，代表人民的功能；第二，制訂或修訂憲法與法律的功能；第三，監督行政的功能；第四，控制預算的功能；第五，保障人權的功能等等；而國會本身也應有相當的規範及自律；否則國家社會非但無法享受上述利益，反而會蒙受國會議員私心自用、干擾行政的害處。

國會制度改革的必要性

國會制度如果規劃完整、運作良好、且成效卓著，自然沒有必要去改動它；反之，如果一種制度的運作頻出狀況，成效不彰，當然就有必要加以調整。

目前，我國的中央民意機關－國民大會及立法院，依大法官會議釋字第七十六號解釋，已明確指出：「就憲法上之地位及職權之性質言，國民大會、立法院、監察院共同相當於民主國家之國會」；惟歷經半世紀以來的憲政發展與四次修訂憲法增修條文的結果，並依大法官會議釋字第三二五號解釋，監察院已非中央民意機關，其地位及職權亦有所變更，而國民大會與立法院之職權也有所調整、變動，不論就人民直接選舉代表或所行使之職權而言，國民大會、立法院實已具有西方民主國家國會之功能與性質。但一般的評價卻認為「功能不彰」，輿論甚至有「社會的

亂源」或「社會進步的絆腳石」等嚴厲指責！因此，
我國的國會制度，確已到非改革以達下列目標的地
步：第一，提升立法效率；第二，優化法律品質；第
三，強化民主程序；第四，消除黑金形象；第五，減
少府會衝突；第六，促進兩會合作；第七，改進議事
秩序；第八，防止總統獨裁；第九，嚴格監督行政；
第十，建立協商機制。我們認為，唯有全民警覺、政
黨自覺、國會合作，以修憲方式改良目前結構不良、
功能不彰的國會制度，民主法治才能落實、社會進步
才能確保、國計民生才能受惠。

我國國會的現況與檢討

國民大會

「國民大會」是 孫中山先生制度性構想中的政權
機關，旨在代表人民行使四權，以監督行政、立法、
司法、考試、監察等五個治權機關；其主導政府的人
事、政策，權力很大。但是，民國三十五年制訂憲法
時，因各黨各派協商的影響，使國民大會幾乎變成虛
級化的機關，這和孫中山先生的理念頗有出入。其
後，加上「臨時條款」的制訂及作用，尤其長久不改
選的「萬年國會」和「坐領乾薪」等現象，使得國民
大會的形象大受損傷，益以長時期戒嚴，其職權或功
能也飽受壓抑。

目前的國民大會，雖經四次修憲，但其結構與功能仍未獲明顯改善，至為遺憾！

國民大會的制度概況：

◎國民大會代表

1. 目前第三屆國民大會代表由民選產生，其總額為三三三位，第四屆名額尚未決定。
2. 國民大會代表任期四年，連選得連任。
3. 國民大會代表在會議時所為之言論及表決，對會外不負責任。
4. 國民大會代表除現行犯外，在會期中非經國民大會許可，不得逮捕或拘禁。

◎會期

每年集會一次以上，如一年內未集會，由總統召集會議為之。

◎職權

1. 補選副總統。
2. 提出總統、副總統罷免案。
3. 議決立法院提出之總統、副總統彈劾案。
4. 修改憲法。
5. 複決立法院所提憲法修正案。
6. 對總統提名司法院、考試院、監察院人員之同

意權行使。

7.聽取總統國情報告並檢討國是，提供建言。

8.議決變更領土之權。

9.創制、複決權，俟全國有半數縣市行使後，再制定辦法行使之。

◎會議

1.開會時由議長主持會議，議長不能視事或出缺時，由副議長代行。

2.開會時得設程序委員會、紀律委員會；修憲及行使同意權時，得設審查委員會。各委員會之組織，由國民大會定之。

◎待遇

1.助理一人，每人每月五萬元。

2.郵票文具費每月八千八百元。

3.電話費每月六千元。

4.交通費每月一萬二百元。

5.選民服務費每月五萬元。

6.出國考察費每年七萬五千元。

◎行政組織

1.議長、副議長各一人，由國民大會代表互選之。

2.秘書長、副秘書長各一人，前者經議長遴選報

告大會後特派之；後者職務列簡任第十四職
等。

3.秘書處下設議事組、資料組、文書組、總務
組、公共關係室、人事室、會計室。

國民大會的運作檢討：

◎組織形象

1.現有國民大會代表繼承資深國代的功過，「受
人民廣泛不滿及唾棄」（傅崑成立委語）。資深
國代們四十年未曾改選，六年才開會一次，平
時也不服務選民，卻每個月坐領和立法委員一
樣的待遇，引起民眾的厭惡。民眾對資深國大
代表的「不良印象」，迄未因國大代表的全面改
選經常為選民服務而有所改善。

2.幾成「總統府之小尾巴及橡皮圖章」（傅崑成立
委語）。

3.被誤導為「一年三百六十五天沒有幾天在做事
的憲法機關，這是全世界都找不到的」（林濁水
立委語）。

4.「立法院與國民大會權責之重疊混亂」（蔡文麟
在國發會分區座談語）。

5.同為國會的立法院與國民大會關係鬧僵，爆發
「垃圾」、「蟑螂」舌戰之爭。

6.「法學界、憲法學界主流…將國民大會解釋成
中共的人民代表大會。也就是蘇維埃體制」（周

陽山立委語）。

7.「憲政怪獸…夠荒唐」（林濁水立委語）、「四不像」（張旭成立委語）。

8.「山中傳奇」、「國大擴權」在媒體的報導下，成為民眾之口頭禪，百姓疑慮未消，民進黨抱持黨外時代主張「廢除國大」之聲浪極大，附和者眾。

◎制度缺失

1.國大代表可兼官吏，違背民主國家立法權與行政權分立原理，也違背孫中山先生政權監督治權原則（註：請參考李代表炳南「現制改良途徑下的國會改革方案」一文）。

2.憲法明定國民大會是國家最高政權機關，大法官會議解釋國民大會就是國會。但國大代表只有國是建言權無法有效監督總統和政府機關。

3.「五權憲法」畫虎不成，反變成「七個主要憲政機關」，行政、立法、司法、考試與監察五權，如「總統」及「國民大會」，導致機關間關係複雜，修憲困難，憲政運作難能順遂（註：請參考李代表炳南前揭文）。

◎人為缺失

1.國民大會代表無「議員自由」，國民大會權力旁落，代表們的無奈，有欲振乏力之痛。

2.部分代表以私利黨利為重，國家利益殿後，導致議場秩序欠佳，無謂抗爭不少。

3.素質良莠不齊，不少代表法政素養不足，且有部分代表具有前科或涉案。

4.在國大經費遭立法院存心刪除下，除了不准設立各種委員會，開會日期短暫，以致同意權行使急促，未能分組嚴格審查。連修憲提案之討論也失之草率。

5.未能有效制衡同列為國會之立法院，輔正其經常自肥、立法效能不彰以及預算審查草率等重弊。

立法院

立法院原先在孫中山先生的構想下，乃是「治權機關」，並非民意機關或國會。但在「政治協商會議」及制憲過程中，卻被定位為中央民意機關，等同於西方國家之國會，其委員由民選產生，職司立法、審查預算及監督官員之責。惟立法院因長久受到戒嚴體制及行政權優越之的影響，其組織之成長及功能之發揮，蒙受相當限制，無法彰顯西方國會之權威，並落實主權在民和民意政治之民主原則。

立法院之制度概況：

◎立法委員

1. 目前第三屆立委總額爲一六四人。經國大代表
   修憲，第四屆起將擴增爲二二五人。
2. 立委任期三年，連選得連任。
3. 立法委員不得兼任官吏，其於院內所爲之言論
   及表決，對院外不負責任。民國八十六年國民
   大會修憲後，立法委員除現行犯外，「在會期
   中」非經立法院許可，不得逮捕或拘禁。

◎會期

　　立法院會期每年兩次，分別爲二月至五月底及九
月至十二月底，必要時得延長之。

◎職權

1. 立法院有議決法律案、預算案、戒嚴案、大赦
   案、宣戰案、媾和案、條約案及國家其他「重
   要事項」之權。
2. 凡法律、條約、通則，均需經立法院通過，總
   統公布，方得施行。
3. 各機關發布之行政命令，應送立法院查照，也
   得依法交付審查。若發現其中有違法變更或牴
   觸法律情形，或應以法律規定事項，立法院均
   得議決通知原機關更正或廢止。
4. 行政院有向立法院提出施政方針及施政報告之
   責。
5. 立法委員在開會時，有向行政院長及行政院各

部會首長質詢之權。

6.總統發布之緊急命令應經立法院追認，立法院
　不同意時，立即失效。

7.監察院審計長由總統提名，須經立法院同意後
　任命之。

8.立法院得向國民大會提出，總統、副總統彈劾
　案。

9.立法院得向國民大會提出修憲案。

10.立法院得議決補助地方經費，解決中央與地方
　　權限爭議。

◎會議

1.立法院院會，每週二、五舉行，必要時得增減
　之。

2.委員會常設者計有十個委員會，分別為：內政
　及邊政、外交及僑務、國防、經濟、財政、預
　算、教育、交通、司法、法制等。

3.特種委員會計有五個，分別為：紀律、程序、
　經費稽核、公報指導、修憲等。

◎待遇

1.助理八人，每人每月五萬元，計四十萬元。
2.郵票文具費每月一萬元。
3.電話費每月一萬元。
4.交通費每月一萬元、油料費一萬，共二萬元。

5.出國考察費每年三十二萬元。

6.月費每月八萬二千九百六十元。

7.公費每月八萬二千九百六十元。

8.研究室租金補助每月二萬元。

9.研究補助費每月八千三百三十三元。

10.辦公事務費每月六千二百八十八元。

11.開會期間膳費每天二百八十元。

12.助理業務活動費每年一萬八千元。

◎行政組織

1.院長、副院長各一人，由立法委員互選產生，
　任期三年，綜理院務，並擔任院會主席。

2.秘書處下設議事組、文書組、總務組、公報
　室、新聞室、圖書資料室、會計處、人事室。

3.立法諮詢中心：下設法案組、預算組、編譯
　組。

立法院之運作概況：

◎組織形象

1.形象跌落谷底，中國時報民眾測驗曾有百分之
　四四‧七受訪民眾認為五院中形象最差的是立
　法院（八十四年三月二十四日）。

2.李總統曾指：立法院為「怪獸」（八十五年五
　月）。

3.張俊雄委員稱：「立法院在一年中有十個月的
　會期，堪稱世界最長的，但是品質、效率、秩
　序、形象也可能是，世界最差的」（八十四年十
　二月十八日）。

4.工商時報社論稱：「如果要給三屆立委算成績
　相信大家會毫不遲疑地打個不及格。甚至如果
　可能他還應該是『死當』沒有資格在下會期補
　考，而只能透過改選『重修』」（八十五年七月
　三日）。

5.中國時報社論稱當今最引人詬病者有三：「國
　會金權化、委員會分贓化、院會惡鬥化」（八十
　五年一月二十一日）。

6.自由時報社論稱：立法院已成為「政治的馬戲
　班、利益的分贓所、權力的競技場」更是「正
　義的焚化爐」（八十五年一月十九日）（引呂秀
　蓮前立委語）。

7.高育仁委員曾稱立法院：「甚至變成社會的亂
　源」（八十四年十二月二十四日中國時報十一
　版）。

8.自由時報社論稱立法院為：「社會進步的絆腳
　石」（八十五年一月一日）。

9.聯合報稱立法院「金權政治蔓延」（八十年八
　月四日四版）。

10.台灣日報社論指責立法院：「立法懈怠」十分
　嚴重（八十四年七月十六日）。

11.工商時報社論指責立法委員為了選票，濫用國

家資源、全民健保、老農津貼，慷納稅人之慨（八十四年十月十四日）。

12.立法院歷年來暴力問政事件屢見不鮮，朱高正跳上主席台事件、羅福助掐頸事件、朱星羽施暴女副理事件、武鬥送醫事件、議場內欲放火事件、咬人事件、女委員大打出手事件等，不一而足。

13.立法院被指成為「行政院立法局」（張旭成立委語）、「橡皮圖章」（顏錦福立委語）。

14.美國NBC曾大肆報導立院打架事件，CNN及日本NHK甚至以體育新聞報導立法院肢體衝突事件騰笑國際。

◎制度缺失

1.立法院院長未規定須退出政黨或政黨活動。
2.欠缺協商制度，致議事對決衝突嚴重，例如：二二八補償案、公投案、公視案、國安三法、電信三法屬之。
3.無資深制，國會倫理蕩然。
4.採「召集委員」一至三名之制，不採英美「主席制」，刻意削弱委員會功能及權力。
5.未採委員會中心主義，常在院會推翻委員會決議，訴諸多數暴力。
6.法案登記未採屆期不連續原則（即新會期重新提案），致累積法案上千，為社會詬病，譏為「大冰箱」、「冷凍庫」。

7. 未設「預算局」，預算審查常失之草率，無法杜絕浪費、灌水、浮編、濫編等弊端。
8. 立法委員任期未改為「至遲四年改選一次」。
9. 立法院無國會調查權。
10. 立法院立法諮詢中心，規模太小，功能不彰。
11. 立法委員「利益迴避法」「政治獻金管理法」、「遊說與營利法」付之闕如。

◎人為缺失

1. 議長未能確保議事中立。
2. 紀律委員會名存實亡，形同虛設。
3. 「院會委員化、委員會虛級化」（張俊雄委員語）

◎立法缺失

1. 立法品質粗糙、全民健保法、證所稅法修正案、電信三法、國安三法多未充分討論，「法案偷渡」、「包裹表決」、「逕付二讀」等違規事件不少。
2. 未制訂「國會聽證法」，建立聽證制度，未能對偽證之官員或民眾科以「藐視國會罪」刑責。

◎協商缺失

1. 協商形同具文，互信跌入谷底。
2. 執政黨團仰承上意，常有違背協議之實。

3.政黨黨紀不彰，協商難以貫徹。

◎質詢缺失

1.質詢「實問虛答」、「反質詢」、「唱雙簧」時
　有發生。
2.質詢「即問即答」，易流於虛應故事。

　　綜合言之，從立法院目前法案堆積如山、預算審
查草率、立法效率低落來看，立法院的職權、功能就
有其需要檢討、調整的必要。依照立法院程序委員會
於民國八十七年二月二十日編製的「立法院議案審議
概況表」統計，總共有一千一百多件待審議案尚未處
理（其中法律案約占九成五以上）。以此議事效率來
看，目前留在立法院待審議的法律案，縱在沒有新加
入的提案排入審議的情況下，大概也還需要約十五、
六年左右才能審議完畢（註：經建會主委江丙坤先生
曾在國民大會的一次演講中，提到經濟部有一重要法
案在立法院一躺二十六年，毫無消息）。

當代國會類型評析

　　西方的中央民意機關或立法機關，通稱為「國會」
（英國稱「巴力門」Parliament，美國稱Congress，德
國稱Diet），其組織類型，主要有下列幾種：

一院制國會

國家只有一個議院，例如：以色列、紐西蘭、丹麥等國。人民選舉國會議員，只組成一個團體，以行使議會的職權。

九〇年代初全世界大約二百多個國家和地區中，採用兩院制國會的國家約有七十二個，其中三分之一在歐洲，採用一院制國會的國家有一百四十個左右。（詳如附表一）

從學理上來分析，「一院制」有如下的優缺點：

一院制的優點：

1.民意統一。
2.責任明確。
3.合乎經濟。
4.減少掣肘。
5.議事效率較佳。

一院制的缺點：除了議會往往流於專斷腐化與立法懈怠外，議事易於敷衍草率。委員們由於缺乏監督制衡，容易造成干擾政府行政功能，有令官員們的尊嚴受到嚴重傷害而心灰意冷的可能。

兩院制國會

兩院制之下，國會分做兩個機關，分別開曾，兩

機關的決議能夠一致的時候，才成爲國會的眞正決議。由此可知，國家雖置兩個立法機關，倘若議案不須經過兩院議決，亦不能視爲完全的兩院制國會（例如，我國的國民大會與立法院）。

兩院制發祥於英國，後來全世界主要的民主先進國家，大多採行兩院制，例如：美國、法國、德國、日本、義大利、加拿大、澳大利亞、荷蘭、比利時、奧地利、愛爾蘭等國均屬之。其他民主國家中採一院制國會的都只是人口不及一千萬的小國，例如：丹麥（五二二‧三萬人，一九九五年）、芬蘭（五一○‧一萬人）、以色列（五三八‧六萬人）、紐西蘭（三五六‧八萬人）及瑞典（八八二‧六萬人）等。但我們由兩院制一院制的比較（參考附表一），大約能鮮明對照出。採一院制的國家，大多數是共產極權國家或動亂不已的獨裁國家，和民主小國。

可以肯定地說：眞正的民主國家大多數是採行兩院制國會的。至於一院制國會似乎爲二次大戰後多數亞、非、及中南美洲等落後國家及獨裁國家所樂於採用。或許「一院制國會有助於獨裁統治」，此點不能不加以注意。

就學理上分析，兩院制國會有以下幾個優點：

1.可阻止一院制國會發生「議會專制」。
2.可免除輕率、欠考慮、激進立法之弊，大幅提

升立法功能。

3.可集思廣益，提升法律品質。

4.對少數階級或族群較有保障。

5.第二院政治壓力較輕，比較老成持重，可冷靜的重新思考。

6.先進民主國家中，兩院制國會居多。一院制國會較少，且多為小國，棄少從多，理所當然。

7.擴大參選空間，培養政治人才。

8.第一院被解散時，國家不致呈「無國會狀態」，因為尚有第二院。

9.可為政府與第一院的調和機構，緩和行政與立法之衝突。

兩院制之缺點：

1.較有礙於國民意志之統一。

2.兩院互相牽制，發生衝突時，若無配套設計，立法將因僵局而延擱。

3.共同行使立法權，在機制上若無妥善配套設計可能減輕兩方之責任心，易生推諉。

兩院制國會之次類型：兩院制國會又可區分為兩種次類型：

1.平衡的兩院制：第一院和第二院均擁有實權，共同參與國家的立法工作，例如：美國、義大利、瑞士、比利時等。

2.不平衡的兩院制（即一大一小的兩院制）：第一院權力大，第二院權力小，例如：日本、加拿大、法國、德國…等等，其第二院相對弱勢（註：請參考李代表炳南、盧顧問瑞鍾、陳顧問淞山：「國會制度改革研究」一文）。

小結

如果以民主國家相對於獨裁國家，以一院制國會相對於兩院制國會，經交叉比較的結果，略可得知：凡千萬人口以上之民主大國大多採行兩院制，民主小國則大多採一院制。至於最極權、最多災多難、最獨裁的國家，幾乎清一色採行一院制（詳見附表二）。另有知名學者李法特(ArendLijphart)指出：「兩院制是發生於多元分歧的社會，而一院制則是在同質性的社會」（見其所著*Democracies*, 1984, p92）。台灣號稱由四大族群所組成，此多元分歧的特性，如採兩院制國會，堪稱允當。

美、法、日三國國會經驗

背景說明

為甚麼要選擇這三個民主先進國家的國會經驗做為我國國會改革的參考範例？

首先，在本報告前一節（當代國會類型的評析）之「小結」中，本執筆小組所研究的初步結果是，在當代民主大國的憲政經驗中，凡人口超過千萬以上，且國內由不同族群（或語群）所組成時，多半採行「兩院制國會」，而美國、法國及日本這三個國家正符合這個前提。

　　其次，在憲政體制上，這三個國家正好代表目前民主國家的三種典範：美國爲「總統制」，法國爲「半總統制」（另有「理性化議會內閣制」一說），日本則爲「議會內閣制」，且同時爲實施三權分立的民主國家。其中法國經驗雖然是當代民主國家經驗中的特例，但由於我國在八十六年修憲後，在憲政結構上與法國最爲接近。因此，本執筆小組認爲不能不將法國經驗列爲研究與反思的對象。

　　此外，這三個國家在地理位置上正好分處美洲、歐洲與亞洲中，均爲該洲民主國家的先驅，在參考價值上自然不言而喻。至於民主國家的鼻祖－英國－並未列爲本執筆小組研究的範圍，一則是在議會內閣制經驗上已經有日本爲例，雖然兩國在議會內閣制的運作內容上略有差異，但本執筆小組認爲這點可以暫時忽略；另一則是英國今天的國會運作重心幾乎已完全在下議院（平民院）方面，上議院（貴族院）在立法功能上已變得較不重要。事實上，英國的「兩院制國會」反成爲當代民主國家的特例，這是本執筆小組未將其列爲研究對象的主要原因。

美國國會的特色與優、缺點及其在憲政體制中的功能

特色：

1. 總統與國會分別對人民（選民）負責，總統與國會相互制衡。

2. 「委員會中心主義」及「資深原則」。政黨內國會領袖地位明確，政治倫理有一定常軌。

3. 參、眾兩院的地位、職權平等，但實質權力稍有不同。

4. 一般立法權兩院共享；但財政立法權由眾院享有提案權，參院擁有修正權，其通過必須經兩院分別同意。

5. 參院獨享人事同意權及條約批准權。

6. 兩院共享調查權。另彈劾權由眾院享有提出權參院擁有審判權。

7. 修憲提案權由兩院共享，修憲批准權則由各州議會或憲法會議行之。

8. 眾院擁有「總統缺位處置權」，參院擁有「副總統缺位處置權」。

9. 「聽證制度」、「國會助理制度」均為美國國會運作中極重要的一環。

優點：

1. 三權分立明確，總統擁有「行政權」，國會擁有「立法權」，政治責任清楚，彼此各自擁有民意

基礎。得以建立良性的制衡機制。

2.總統任期四年，眾議員任期兩年，參議員任期六年，但每兩年改選其三分之一（國會每兩年為一屆），彼此任期重疊，且定期接受民意檢驗。

3.司法權獨立，又擁有「司法審查權」(Judicial Review)，充分監督與制衡行政、立法兩權。

缺點：

1.當國會兩院均由反對黨取得多數黨地位時（美國以總統之政黨為執政黨），易造成行政權與立法權的對立，甚至有時會形成政治僵局。

2.參、眾兩院分別由不同政黨為多數黨時（美國國會經驗的常態），兩院立法態度與立場可能會趨於不一致而影響立法效率。總統亦會利用兩院政黨矛盾或某院同黨優勢，採行對行政權有利之施政措施。

3.「委員會中心主義」及「資深原則」有時會使權力過份集中在少數政黨領袖手中，新進國會議員必須聽命於該等資深議員，「權力寡頭主義」現象充斥。

國會在憲政體制中的功能：

1.彙整民意（包括整合不同利益團體）、監督政府、制訂法律。

2.擁有修憲提案權。

3.成為培養（政黨）政治領袖之所在，總統與閣員候選人的搖籃。

法國國會的特色與優、缺點及其在憲政體制中的功能

特色：

1.總統與國會均由人民直接選舉產生。總理須同時向總統及國會負責（或稱「雙代表單向負責之議會制」）。

2.國民議會、參議院兩院地位、職權大致平等，但國民議會部分實質權力略高。政府閣員不得同時兼任國會議員。

3.一般立法權兩院共享；但財政立法權由國民議會享有優先審議權。所有法案必須經兩院審議及同意，未能取得一致之決議時，國民議會擁有最終決議權。又總理及國會兩院議員均有提出法律案之權。

4.兩院共享調查權及彈劾權。但審判權歸特級法院為之。總統僅限叛國罪時方可被彈劾。

5.國民議會單獨擁有對政府行使不信任案之權力。

6.國會兩院共同享有修憲草案提案權及議決權。

優點：

1.國會權限與監督均受憲法嚴格約束，不致造成政府行政效能之低落或內閣之動盪不安，使得法國第五共和呈現穩定與效能。

2.總理及內閣取決於國民議會中之多數黨，或聯合政團中取得優勢之一方。總理與其領導之政府，主要對國民議會負責。

3.參議院採間接選舉，可適時遏阻國民議會立法權的不當擴張或折衝國民議會中政黨席次的變化。

缺點：

1.「行政雙元制」下，總理須分別對總統及國會負責，如果遇總統與國民議會分屬不同政黨時（即「左右共治」），可能形成行政權「割裂」或憲政僵局。

2.總統位居整個憲政體制的中心，但不受國會監督；加上總統有權解散國會，國會卻無權迫使總統辭職或下台，有違三權分立的制衡原理。

3.總統任期七年，國會任期五年，總統又可於當選後解散國會，使得國會或政府的任期不一或不確定，不僅責任政治不易明確，政府施政亦無法連貫，對民主政治的發展多少有所傷害。

國會在憲政體制中的功能：與美國國會並無太大不同。

日本國會的特色與優、缺點及其在憲政體制中的功能

特色：

1. 以英國「議會內閣制」爲藍本，二次大戰後兼採美國三權分立及國會委員會分工制度之優點造就了行政、立法部門的高度合作以及高效率的政府。

2. 「委員會中心主義」及「資深原則」與美國類似。政黨內國會領袖地位明確，政治倫理有一定常軌。此外「優秀政黨制」促進執政黨與在野黨的良性互動，亦使得議事運作順暢。參、衆兩院又都訂有「政治倫理綱領」，國會政治倫理得以建立良好傳統，新進議員與資深議員亦得以建立良好互動關係。

3. 「衆議院優先主義」。但參議院扮演制衡衆議院的角色，且在衆議院解散時，暫代衆議院之任務，使國會運作不致中斷。

4. 一般立法權兩院共享；但財政立法權由衆院享有優先審查權。法律及預算案須由兩院一致決議始得通過。但兩院爲不同之決議且經兩院協議會商仍未能一致時，以衆院之決議爲最後之決議。

5. 兩院共享調查權。

6. 日本國會彈劾權的對象僅限裁判官（即法官），且由國會設獨立行使職權之彈劾裁判所爲之。

彈劾裁判所由兩院議員共同組成之。

7. 修憲提案權由兩院共享，修憲批准權則由公民複決。

8. 國會議員同時採行「單一選區制」及「政黨比例代表制」，兼有兩制之優點，大幅改善其政黨政治之生態。

優點：

1. 兼有英國議會內閣制與美國總統制兩者的優點此為其他實施議會內閣制之國家所不及之處。尤其修正了英國不完全三權分立與不平衡兩院制這兩項憲政體制的結構。

2. 憲法中規定國務大臣應有一半以上由國會議員兼任，政務官選任資格的彈性較英、美兩國為大。

3. 總理及內閣乃取決於眾議院中多數黨，或聯合政團中取得優勢之一方。總理與其領導之政府主要對眾議院負責。

缺點：

1. 參、眾兩院分別由不同政黨為多數黨時，兩院立法態度與立場可能不一致而影響立法效率。

2. 眾議員任期四年，參議員任期六年。但每三年改選其中半數，兩院任期不完全一致，且內閣總理行使解散國會權時亦會改變任期，使得任

期可能出現不確定的狀況（不過這種情形在日本尚屬少見，不若法國來得明顯且嚴重）。

3.「委員會中心主義」及「資深原則」所造成之「權力寡頭主義」現象亦與美國類似，但是由於兩國政治文化之差異性，在解讀時宜有所區隔。

國會在憲政體制中的功能：與美國國會並無太大不同。

三國國會經驗的共通點及可供我國借鏡之處

經整理美、法、日三國的國會經驗，本執筆小組可以得到以下六項共通點做為提供我國國會改革之借鏡：

均為憲政體制下的兩院制立法機關，且均以「眾議院」（法國稱「國民議會」）為「第一院」，以「參議院」為「第二院」。除美國外，法、日兩國均以第一院地位優於第二院，對法案之決議如有歧異，均以第一院之決議為最終決議。這與美國是聯邦國，而法、日是單一國，彼此國體性質不同有關。

國會兩院共享立法權。財政法案（預算案）則第一院享有優先權（美國為提案權，法、日為審查權）。法案之通過須兩院分別通過，對立法品質有一定的保障，同時也更能彙集民意及整合不同政黨或利

益團體之立場，雖有可能影響立法效率，但較符合民主政治之精義。且各國在憲法或相關法律上，多明文規定發生歧異時的解決方式，以避免政治僵局或立法懈怠。

國會兩院共享調查權，加上健全的「聽證制度」，使得國會能夠擁有利器監督政府依法行政。

國會兩院共享彈劾權，但對象、作法等細節不一。這也是監督政府的利器之一。

國會兩院共享修憲提案權，但最終批准方式不一。

小結

由以上三國的國會經驗來看，基本上一個健全的「兩院制國會」似可做為日後改革我國國會機關的參考原則。暫時撇開國父　孫中山先生「權能區分」及「五權憲法（分立）」的原始理念不說，今天的國民大會與立法院有無可能分工合作，共同擔負起民主國家國會的職能，是我們必須認真且嚴肅深思的課題。至於有無可能透過修憲的方式，訂定一個全新的國會體制，或者在國民大會、立法院名稱不變的前提下，將國民大會、立法院現有的職權，分別修改定位為民主先進國家國會中的「第二院」（「參議院」）及「第一院」（「眾議院」），這則是另一個值得我們進一步研究

的課題。本節之目的在將美、法、日三國的國會經驗呈現給國人，做爲思考、研究以上課題的參考，以收「他山之石，可以攻錯」之效。

我國國會制度改革之可能途徑

第一種途徑：「一院制」方案

有人主張兩院制國會易造成兩院間內部的矛盾，相互爭吵，降低監督政府的效能。他們指出依現今的世界潮流，兩院制國會的功能已逐漸式微，一院制國會更適合發展中國家或非民主國家政治權力集中的需要。因此，西歐的丹麥及瑞典分別於一九五四年及一九七一年廢除國會第二院，紐西蘭亦於一九五〇年廢除第二院，斯里蘭卡則於一九七一年也將第二院廢除（註:請參考陳顧問淞山前揭文）。但由附表二可知前述主張顯然與事實有所出入。

一院制國會的修憲方案：

如果要廢除國民大會，實施一院制國會體制，必須在修憲條文上大動干戈，作如下修正：

1. 廢除國民大會，其原有職掌完全劃歸立法院，修憲權政由立法院行使，或由立法院提案後交

由公民進行複決。

2. 國民大會的領土變更議決權，應改為由總統或
　　立法院提案，交由公民進行複決。

3. 憲法本文的國民大會專章應予廢除，或由憲法
　　增修條文予以全部凍結。

4. 刪除現行憲法增修條文中，國民大會聽取總統
　　國情報告及檢討國是，提供建言之規定。

5. 增訂立法院擁有審計權及調查權之條文。

我國現階段實施「一院制」可行性之評析：

　　以目前國內的現實政治環境分析，要從修憲途徑
採取一院制國會的全新制度，幾乎是「不可能的任
務」，其理由如下：

1. 高門檻的修憲程序：在法定修憲程序須有三分
　　之二國民大會代表出席及四分之三以上出席代
　　表決議通過的高門檻設限下，要能完成一院制
　　的修憲計畫，實在困難重重。

2. 錯綜複雜的多元政治生態：目前民進黨內部的
　　主流意見雖然傾向一院制的國會制度設計，但
　　仍然有為數不少的該黨國代有意採取兩院制的
　　新國會體制；再加上其他黨派的國代又大多主
　　張採取維持現制，在各黨派仍多堅持己見的情
　　況下，實難有建立一院制國會的機會。

3. 意識型態的禁忌：國民大會的存續，對國民黨
　　言，乃象徵中華民國法統的維繫。廢除國民大

會的主張，也會挑起不同意識型態者的紛爭與衝突，甚至再度演變成「統獨大戰」。

4. 「自廢武功」極有困難：尤其「垃圾與蟑螂」爭論不休，欲國大代表舉手表決自行廢除國民大會，就人性角度看，勢所難能。

5. 修憲工程浩大：牽動憲法本文的修正，就現階段來說，幾乎走不通，因為，不僅要在憲法增修條文中凍結憲法本文的國民大會專章，及其他涉及國民大會的條文，而且還需要調整憲法本文中立法院、行政院、總統及其他機關的組織與職權，這種形同「制憲」之舉，可能性微乎其微。

6. 立法院無能承接國民大會之職權：在目前國民大會權責有限，立法院幾乎獨攬國會權力實況下，既然無法承擔其本身應發揮之功能，廢除國民大會後，立法效率奇低、民主素養甚差的立法院，將來之表現將更不堪聞問。

7. 有造成立法獨裁之虞：因依現行立法院之職權及其表現，已使行政權相對脆弱。若廢除國民大會，將其職權移轉立法院，則行政院更形弱化而不能做事。

第二種途徑：「兩院制」方案

　　或謂，先進民主國家大都採行兩院制國會，我國自當以學習民主大國的成功模式為得計。

兩院制國會的修憲方案：

如果要學道地的兩院制國會，下列調整方向實屬
必要：

1. 增強國民大會的立法權，法案必須相繼在國民
   大會及立法院通過，始能成為法律，送請總統
   公布。
2. 國民大會代表的產生方式應與立法委員有所區
   別，除直接民選（例如，美國），間接民選（例
   如，法國）或任命（例如，德國、加拿大），或
   整體選出，再挑其中三分之一（例如，冰島）
   或四分之一（例如，挪威）為國民大會代表，
   其餘為立法委員，各種方式均可參採，或混合
   參採。
3. 國大代表人數宜少於立法院。
4. 國民大會否決立法院法案後，立法院可以三分
   之二之多數決推翻。

我國現階段實施「兩院制」可行性評估：

我國目前採行「兩院制」的機率，幾乎等於
「零」，其理由如下：

1. 修憲門檻難過：國民大會修憲須有四分之三以
   上同意，只要國大代表中有四分之一以上（約
   八十四票）反對，兩院制計畫，必胎死腹中。

2.意識型態禁忌：屆時意識型態衝突恐將再起，如果人多勢眾，執政黨中央將無力招架；一旦被迫讓步，改革方案將會泡湯。若政府及執政黨執意改革，恐「虔信者」會採激烈手段，或訴諸暴力，社會治安堪慮。

3.現有政黨，對兩院制國會仍然意見紛歧，尚待達成共識。

4.立法院反彈大：立法院與國民大會，一向關係欠佳，國民大會如欲均分立法權，則立法院將因大權旁落而反彈，並指責國民大會擴權。

5.行政首長掣肘：官員怕麻煩，可能動員黨政力量及輿論加以反對。

6.修憲工程艱巨：牽一髮動全身，茲事體大。

第三種途徑：「現制改良」方案

維持目前國民大會與立法院的組織架構及基本職權，稍事調整，使國會功能得以充實，議事效率得以增進，兩會關係得以良性互動。

現制改良的修憲方案：

可於憲法增修條文中增加規範，以改良國會現制者，有以下幾則：

1.國民大會及立法院名稱維持現狀。

2.立法委員任期，配合現行解散國會制度最長每

四年改選一次。

3.國民大會代表名額宜適當減少。

4.國會應有國會調查權。

5.國民大會在下列情況下，得與立法院召開聯席
  會議，共同行使職權：

  ◇修憲案之提出與議決。
  ◇聽取總統國情報告，並提出建言。
  ◇聽取司法院、考試院、監察院工作報告，並
    提出建言。
  ◇彈劾總統、副總統。
  ◇罷免總統、副總統。
  ◇國民大會及立法院互審預算。
  ◇其他應聯合行使職權事項。

6.各機關提出於立法院之法案，立法院經兩年以
  上仍未完成立法程序者。得改向國民大會提出
  之，經國民大會審議通過後三個月內，非有立
  法院以三分之二多數否決，即視同完成立法程
  序，送請總統公布。

我國現階段實施「現制改良」方案可行性評估：

目前主張放棄孫中山先生「五權憲法」改採三權
分立的，只有民主進步黨和一些法政學者，執政的中
國國民黨和在野的新黨，目前尚無廢除國民大會改採
三權分立的黨綱政見。準此而言，單以民進黨之力，

實不足以廢除國民大會。

　　為了改革國會，一院制也好，兩院制也好，恐怕在台灣很難仿行，前者須國民大會「自廢武功」或「自我了斷」，勢所難能。後者則立法院反彈必大，代價極高。可行之計，當以幅度較小的「現制改良」較為可行。

結語

　　理想的國會，應能充分掌握民意脈動，忠實反映民意要求，有效監督政府施政，確實審查法案預算，善盡為民謀福之重要功能。但證諸我國之憲政發展，目前我國「國會」之表現，實與全民之殷切期待，有相當落差；尤有甚者，儘管立法院已全面改選並將屆滿一個任期，但其職能卻未見充分發揮，不少委員無心問政、議事效率低落、法案堆積如山，民意已早有煩言，亟應有所改善。

　　誠然，要一夕之間完全改弦更張，振衰起敝，恐有所不易。但吾人實不能以此作為藉口，劃地自限、故步自封，而應積極進取，實事求是，致力於國會之興革改造，俾使國會制度更臻完善，國會功能得以充分發揮。

觀諸西方民主國家，其民主憲政之發展，實係由於不分朝野黨派人士，捐棄個人成見與黨派之私，勇於面對、認真改革，並堅信憲政主義之理想與價值，無懼面對並承擔各種時空環境的挑戰與威脅，而使國會機制得能運作自如，關鍵即在於擁有良好的國會制度，並發揮其效能。

　　國會就是社會的縮影，最能反映社會的特質與演變。近年來，我國政治、經濟及社會均歷經重大變遷，社會規範基礎急速鬆動，新的社會價值體系又未建立，以致於政治文化日趨惡質化，連帶敗壞國會機能運作。健全國會功能，除應從重整政治文化與政治道德著手，制度面與法律面之改革。更應予以重視。當此我國國會正面臨改革壓力之關鍵時刻，必須以大破大立之格局，才能賦予國會旺盛的生機與活潑的動力。

附表一　兩院制與一院制國會採行國家比較表

一院制		
國家 （或地區）	人口數 （以千人為單位）	國會成員 人數
阿爾巴尼亞	3,412	1400
阿爾及利亞	27,939	200
安道爾侯國	62.9	28
安哥拉	11,558	220
亞美尼亞	3,548	190
亞塞拜然	7,525	125
巴林	579	30
孟加拉	120,093	330
白俄羅斯	10,332	260
貝南	5,409	83
不丹	816	152
波士尼亞賀賽哥維納	3,459	240
汶萊	291	21
保加利亞	8,406	240
布吉納法索	10,324	107
蒲隆地	5,936	81
柬埔寨	9,608	120
喀麥隆	13,233	180
維德角	392	79
中非	3,141	85
中共	1,206,600	2978
查德	6,361	57
葛摩伊斯蘭	545	42
哥斯大黎加	3,334	57
象牙海岸	14,253	175
古巴	11,068	589
賽普勒斯	806	80

一院制		
國家 （或地區）	人口數 （以千人為單位）	國會成員 人數
吉布地	586	65
多米尼克	72.1	31
厄瓜多	11,460	77
埃及	59,695	454
薩爾瓦多	5,768	84
赤道幾內亞	396	80
厄利垂亞	3,531	150
愛沙尼亞	1,487	101
丹麥	5,223	179
芬蘭	5,101	200
法屬波里尼西亞	220	41
加彭	1,156	120
喬治亞共和國	5,514	235
迦納	16,472	200
希臘	10,493	300
格陵蘭	55.8	31
關島	149	21
瓜地馬拉	10,621	80
幾內亞	6,700	114
幾內亞比索	1,073	100
蓋亞內	770	65
宏都拉斯	5,512	128
香港	6,205	60
匈牙利	10,231	394
冰島	269	63
伊朗	61,271	270
伊拉克	20,413	250
以色列	5,386	120
尼日	9,151	83

一院制		
國家 （或地區）	人口數 （以千人爲單位）	國會成員 人數
挪威	4,355	165
阿曼	2,163	90
巴拿馬	4,302	72
巴布亞紐幾內亞	23,489	109
秘魯	23,489	120
卡達	579	35
盧安達	7,855	70
聖文森	112	21
聖馬利諾	24.9	60
聖多美普林西比	131	55
沙烏地阿拉伯	17,880	61
賽內加爾	8,312	120
賽席爾	75	33
獅子山	4,509	127
新加坡	2,989	87
斯洛伐克	5,355	150
所羅門群島	382	47
斯里蘭卡	18,090	225
蘇丹	28,098	300
蘇利南	430	51
瑞典	8,826	349
敘利亞	14,313	250
塔吉克	5,832	181
坦尙尼亞	28,072	280
多哥	4,138	81
東加	100	30
突尼西亞	8,896	163
土耳其	62,526	450
英吉利島嶼	87.6	58

一院制		
國家 (或地區)	人口數 (以千人為單位)	國會成員 人數
肯亞	28,626	202
吉里巴斯	80.4	41
北韓	23,487	687
南韓	44,834	299
科威特	1,691	50
寮國	4,882	85
拉脫維亞	2,515	100
黎巴嫩	3,009	128
賴比瑞亞	2,380	35
利比亞	5,407	750
列之敦斯登侯國	30.9	25
立陶宛	3,700	141
馬其頓	2,104	120
馬達加斯加	14,763	138
馬拉威	9,939	177
馬爾地夫	253	48
馬利	9,008	116
馬爾地	370	65
模里西斯	1,128	70
密克羅尼西亞	105	14
摩爾多瓦	4,346	104
摩納哥侯國	30.4	18
蒙古	2,307	76
莫三比克	17,889	250
緬甸	46,527	492
諾亞	10.4	18
紐西蘭	3,568	99
尼加拉瓜	4,340	92
摩洛哥	26,980	333

一院制		
國家 （或地區）	人口數 （以千人爲單位）	國會成員 人數
吐瓦魯	9.4	12
烏干達	18,659	214
烏克蘭	52,003	450
阿拉伯聯合大公國	2,195	40
烏茲別克	22,886	250
萬那杜	168	46
越南	74,545	395
西薩哈拉	218	5
西薩摩斯	166	330
葉門	13,058	17
尚比亞	9,456	9
辛巴威	11,261	10
聖克里斯多福及尼維斯	39.4	15
葡萄牙	9,906	230
澳門	428	23
荷屬安地斯群島	201	22
新蘇格蘭	187	54
薩伊	43,901	11
直布羅陀海峽	28.1	18
土庫曼	4,081	50
Virgin Islands	97,800	15
Mavotte	116	17
Guernscy	65	60
Aruba	72.7	21
Faroe Islands	43.7	32

資料來源：1995 Britannic Book of the Year(Chicago: Encyclopedia Britannica.1995).p.758-769

兩院制			
國家 (或地區)	人口數 (以千人為單位)	國會成員人數	
		上院	下院
美屬薩摩亞	57	18	21
安地卡及巴布達	63.9	17	17
阿根廷	34,587	72	257
澳大利亞	18,025	76	147
奧地利	8,063	63	183
巴哈馬	276	16	49
巴貝多	265	21	28
比利時	10,064	71	150
貝里斯	216	9	29
波利維亞	7,414	27	130
巴札那	1,549	15	46
巴西	155,822	81	513
加拿大	29,463	104	295
智利	14,210	47	120
哥倫比亞	35,099	102	163
剛果	2,590	60	125
克羅埃西亞	4,495	68	127
捷克共和國	10,346	30	200
多明尼加共和國	7,823	30	120
衣索比亞	55,053	117	548
斐濟	791	34	70
法國	58,172	321	577
法屬圭亞那	145	19	31
德國	81,912	68	672
格瑞那達	92	13	15
海地	6,589	27	83
印度	935,744	245	545
印度尼西亞	195,283	1000	500
愛爾蘭	3,590	60	166

兩院制			
國家 （或地區）	人口數 （以千人爲單位）	國會成員人數	
		上院	下院
義大利	57,386	326	630
牙買加	2,520	21	60
日本	125,362	252	511
約旦	4,187	40	80
哈薩克	16,669	49	49
吉爾吉斯	4,483	70	35
賴索拖	2,050	33	65
盧森堡	409	21	60
馬來西亞	19,948	69	192
馬紹爾群島	56.2	12	33
茅利塔尼亞	2,274	56	79
墨西哥	91,145	128	500
納米比亞	1,651	26	72
尼泊爾	20,093	60	205
荷蘭	15,487	75	150
奈及利亞	95,434	91	593
巴基斯坦	140,497	87	217
帛琉	16.9	14	16
巴拉圭	4,828	45	80
菲律賓	70,011	24	204
波蘭	38,641	100	460
羅馬尼亞	22,693	143	341
俄羅斯	147,168	178	450
聖露西亞	143	11	17
斯洛維尼亞	1,971	40	90
南非	41,465	90	400
西班牙	39,188	255	350
史瓦濟蘭	913	30	65
瑞士	7,039	46	200

兩院制			
國家 （或地區）	人口數 （以千人爲單位）	國會成員人數	
		上院	下院
泰國	58,791	270	391
千里達及托巴哥共和國	1,265	31	36
烏拉圭	3,186	31	99
委內瑞拉	21,844	53	199
南斯拉夫	10,555	40	138
美國	263,057	100	435
英國	58,586	1198	651
百慕達群島	61	11	40
北馬理雅納群島	59.4	9	18
瓜達康納爾島	43.4	42	41
Islc of Man	69.8	10	24
Pucrto Rico	3,725	29	53
Rcunion	660	47	45

資料來源：1995 Britannic Book of the Year(Chicago: Encyclopedia Britannica.1995).p.758-769

其他		
國家 (或地區)	人口數 (以千人為單位)	國會成員人數
阿富汗	18,129	0
索馬利亞	6,734	0
West Bank	1,266	0
Gaza Strip	790	0

資料來源：1995 Britannic Book of the Year(Chicago: Encyclopedia Britannica.1995).p.758-769

結語

一院制：共139國家

兩院制：共71國家

其他：共4國家

附表一之1　兩院制與一院制國會採行國家比較表

兩院制國家				一院制國家		
國家名稱	第二院人數	第一院人數	人口數（千人）	國家名稱	國會人數	人口數（千人）
美國	100	435	263,057	**共產國家**		
英國	1,211	651	58,586			
法國	321	577	58,172	中共	2,978	1,206,600
德國	68	672	81,912	古巴	589	11,068
日本	252	511	125,362	北韓	687	23,487
義大利	326	630	57,386	越南	395	74,545
加拿大	104	295	29,463	**多災多難國家**		
澳大利亞	76	147	18,025			
荷蘭	75	150	15,487	阿富汗	0	18,129
比利時	71	150	10,064	盧安達	70	7,855
奧地利	63	183	8,063	蘇丹	300	28,098
愛爾蘭	60	166	3,590	柬埔寨	120	9,608
盧森堡	21	60	409	孟加拉	330	120,093
				寮國	85	4,882
（以上十三國為先進民主國家）				賴比瑞亞	35	2,380
				薩伊	738	43,901
捷克	30	200	10,346	安哥拉	220	11,558
波蘭	100	460	38,641	斯里蘭卡	225	18,090
印度	245	545	935,744	黎巴嫩	128	3,009
西班牙	255	350	39,188	**十分獨裁國家**		
瑞士	46	200	7,039			
泰國	270	391	58,791	伊拉克	250	20,413
巴西	81	513	155,822	伊朗	270	61,271
智利	47	120	14,210	沙烏地阿拉伯	61	17,880
哥倫比亞	102	163	35,099	緬甸	492	46,527
印尼	1,000	500	195,283	敘利亞	250	14,313
約旦	40	80	4,187	**民主小國**		
馬來西亞	69	192	19,948			
墨西哥	128	500	91,145	丹麥	179	5,223
巴基斯坦	87	217	140,497	芬蘭	200	5,101
菲律賓	24	204	70,011	以色列	120	5,386
蘇俄	178	450	147,168	紐西蘭	99	3,568
衣索比亞	117	548	55,053	瑞典	349	8,826
				（以上五國係先進民主國家）		

註：1.資料來源：1995 Britannic Book of the Year(Chicago: Encyclopedia Britannica, 1995) pp.758-769
　　2.民主國家採自 Arend Lijphart: Democracies(New Haven: Yale University Press, 1984) pp.92

附表二 民主國與獨裁國採行兩院制或一院制比較表

	民主國家	獨裁國家
兩院制	美國 英國 法國 德國 日本 加拿大 澳大利亞 荷蘭 比利時 義大利 盧森堡 波蘭 捷克 奧地利 愛爾蘭	阿根廷 巴哈馬 百慕達 玻利維亞 波扎那 巴西 智利 衣索匹亞 哥倫比亞 剛果 克羅西亞 多明尼加 斐濟 格瑞那達 海地 印度 印尼 牙買加 約旦 馬來西亞 墨西哥 那密比亞

	民主國家	獨裁國家
一院制	丹麥 芬蘭 以色列 紐西蘭 瑞典 希臘 葡萄牙 冰島 南韓 匈牙利 挪威	中共 古巴 北韓 越南 阿富汗 安哥拉 盧安達 柬埔寨 孟加拉 寮國 賴比瑞亞 薩伊 錫蘭 蘇丹 伊拉克 伊朗 沙烏地 緬甸 敘利亞 黎巴嫩

註：1.資料來源：同附表一，僅列舉重要國家。
　　2.民主國家以OECD（經濟合作暨發展組織）所列廿七個民主
　　　國家為主。
　　3.民主國家採一院制九國之中，僅南韓人口達4,404人，其餘
　　　均為1,031萬人以下之小國家。

第 *3* 章
現制改良途徑下的國會改革方案

前言

國民大會的原始設計與實踐

國會改革的結構制約與路徑依循

國會改革的方向與建議

結語

前言

研究動機與研究目的

國民大會制度所造成的憲政現象，使得國大的定位與職權一直是我國憲政學者爭論的焦點。有人堅持，五權憲法為我國憲法的根本精神，國民大會為五權憲法、權能區分的象徵，國大應積極行使其政權的功能，才能使人民主權獲得充分的伸展；也有人認為，國大為我國憲政亂象的根源，國大一日不廢，國家憲政一日不寧。相關的爭論，紛紛擾擾，但似乎並無歇息的傾向。

但不論論者持何種觀點，國大必須改革的呼聲可說是越來越高，但改革的可行之路在那裡呢？本文欲從「新制度主義」的觀點出發，對我國「國民大會」在歷史上的變動痕跡作一番觀察。本文認為，在「結構制約」方面，我國「國民大會」制度在憲政史中的變遷過程，基本上是受到三項大結構歷史因素的制約：第一，憲法作為統、獨意識型態圖騰。第二，國大獨佔修憲權的憲政設計。第三，憲政結構下的正當性危機。而在「路徑依循」方面，本文認為，國民大會的變革，主要依循著兩條路徑：一為權能區分下的五權憲法架構，另一為往西方國會性質靠攏的增權行為。

在分析國大制度變遷的結構因素和依循路徑後，本文最後希望找到一條國會改革成本最小而收益最大的路，並依此方向設計出國大改革的具體建議。

研究途徑－新制度主義

新制度主義源自經濟學，新制度經濟學開山之作可溯諸Ronald Coase ＜The Nature of the Firm＞一文，發表於1937年，而該文在發表之初並沒有受到應有的重視，但1958年發行的《*Journal of Law and Economics*》則帶動了新制度主義在美國的崛起（註一）。

在政治學方面，新制度主義的研究途徑於70年代開始為人所重視，由於戰後美國政治學主流之行為主義重視個體層面行為的要素，新制度主義對其忽略總體層面制度與結構的影響，感到強烈不滿。尤其80年代第三波民主化的浪潮，許多非自由主義地區面臨制度轉型的關卡，而這些制度變遷的研究，顯然不是以完全競爭為其基本假設前提的傳統經濟學所能解釋的，新制度主義提供了一個新的思考途徑，使得經濟、政治學者能重視既有制度的存在，進而研究制度轉變的可能與限制，（註二）此一思考點的突破，帶動

註一：石之瑜，＜新制度主義建構理性中國的成本＞，《問題與研究》：36卷11期，民86年11月，頁1-22。
註二：王耀生，《新制度主義》，台北：揚智文化事業股份有限公司，民86年，頁1-7。

了學者想像的空間，使得新制度主義儼然成為政治學中一股新的研究浪潮。

新制度主義的興起，主要在反對作為經濟學正宗的新古典主義傳統。其認為傳統經濟學過分關注經濟活動中的物質技術關係，以及過分強調經濟學的「精密化」、「數學化」，而忽略了對人的研究，忽略了關注人們參與經濟活動的目的、決定人們進行或不進行某種經濟活動的環境、人們的行為規則、偏好等。總之，新制度經濟學反對傳統經濟學只重物質關係的分析方法，其所關注的，是人與人和人與物之間的經濟關係的研究。因而，新制度主義關心的焦點不再拘限於市場與價格，其最感興趣的課題，是一個追求利益最大化的個體行為者，如何經由互動，選擇他們所共同接受的制度。（註三）

關於制度的產生，新制度主義認為，任何契約都有交易成本，制度的存在雖不符合完全競爭的條件，但其目的恰是降低交易成本。對於制度的起源，新制度主義有詳細的討論，並產生不同的起源理論，但起基本論述不脫：分工促使經濟效率提高同時產生交易，交易必然存在著費用，交易費用的增加會阻礙分工進一步發展，從而影響經濟效率的進一步提高，為降低交易費用，人們在交易活動中必須進行「合作」，遵守某些規則或慣例，這些規則或慣例就是制

註三：石之瑜，前揭文。

度，制度的出現是爲了克服交易費用的增加。（註四）

而除了制度的產生外，制度變遷與創新的理論亦居於新制度經濟學的核心地位。新制度經濟學者繼承「人追求自身利益最大化」的傳統經濟學假定，認爲當制度創新的邊際收益大於邊際成本時，制度才有創新的可能。但有趣的是，雖然注重本益關係，新制度經濟學者認爲人作爲社會的一份子，其效用函數中，除了利己的動機外，還有利他主義、意識形態和志願奉獻等多重目標，在一個人的目標函數中，各種目標的重要性和排列順序取決於既有制度的約束、意識形態和各種非正式制度的約束。即制度主體在進行本益比較時，其不僅包括經濟因素也包括非經濟因素。而制度創新的另一個影響因素是，創新過程雖然會改善某些人的福利，但只要有人受損，交易費用過程就會遇到阻力，即制度創新如果是「非帕累托改進」(non-Pareto improvement)（註五），制度創新的困難就要大的多。（註六）

而在強調個人選擇受制度制約的同時，新制度主義並提出「路徑依循」的概念，此一概念是由North

註四：王耀生，前揭書，頁28。
註五：所謂「非帕累托改進」源自於「帕累托最適」(Pareto optimun)的觀念，一種制度的創新過程，如果至少有一人受益而無人受損的話則稱爲「帕累托改進」(Pareto improvement)，相反的若有人受損不論總受益與總受損的大小，這種創新所帶來的改善就是「非帕累托改進」。
註六：王耀主，前揭書，頁74-75。

研究技術變遷的「軌跡依賴」概念而發展出的。他認為，某些偶然的事情和情況常會把技術發展引入特定的路徑，一旦進入某種特定發展的路徑，就會沿著這條路徑走下去，從而產生與別的路徑不同的結果。而「路徑」的形成與延續，主要是由於報酬遞增、自我強化的機制及既得利益者的反彈，行動者在上一個時間點所做的路徑選擇，將會因既有制度與環境條件的制約，而排除或限制他在下一個時間點的路徑選擇範圍。（註七）

本文主旨在論述國會的改革，但不想從何種國會制度最符合憲政制度的規範性角度來探討這個問題，站在人不可能逃脫歷史、現階段只需改革而不需革命的理念下，本文欲從新制度主義的研究途徑，一方面從國民大會制度演變的過程，找出其所依循的路徑為何；另一方面，則試圖描繪國民大會本身所受的長期的、歷史的、結構的限制。在「路徑依循」與「結構制約」的雙重考量下，試圖找出未來成本最小、最易實施的「國民大會」改革方向。

本文將先簡述孫中山對國民大會的原始設計與其在歷史中演變的軌跡，作為進一步論述的歷史背景基礎。

註七：陳宏銘，<結構制約與路徑依循下的憲政體制選擇>，台灣政治學會第四屆年會學術研討會 發表文，頁17。

國民大會的原始設計與實踐

孫中山先生的「權能區分」論

　　國民大會是我國獨有的政治制度設計，其理論根據是孫中山的「權能區分」論，孫中山對於國家憲政結構有他自己獨特的配套設計，而其整套設計的理論基礎即為「權能區分」論。

　　「權能區分」簡而言之，就是人民有權、政府有能，也就是將「權」與「能」劃分開來，分別交給人民與政府，並設計使人民的權能夠控制政府，在人民有權、不擔心政府專制的前提下，政府內各部門即可相互合作，發揮最高的效率。人民所擁有的權稱為「政權」，其具體內容為選舉、罷免、創制、複決四權，而政府需具備行政、立法、司法、考試、監察五權，且需五權分立，才能保障政府有能。而「權能區分」的目標為何？在治權方面是為達到「政府萬能」，在政權方面，人民擁有四權則是為了實現「全民政治」，達到「直接民權」，使人民能完全控制政府。

　　孫中山針對治權所設計的「五權分立」，使得我國的中央政府有了行政、立法、司法、考試、監察的五院設計。而針對政權，孫中山則認為在地方可交由人民直接行使，在中央則由於中國地廣人多，無法直接

行使，因此應由人民選出代表，在中央設立國民大會，由國民大會在中央代表人民直接行使四權。因此在「權能區分」的憲政理論設計下，我國就有了行政、立法、司法、考試、監察及國民大會與總統這七個主要的憲政機關，而與西方行政、立法、司法外加總統的憲政設計大相逕庭。

　　由國會制度的角度看，孫中山「權能區分」的設計與西方「三權分立」最大的不同，即在於他將立法權置於治權的體系下；換句話說，立法權成為政府行使統治權的工具之一，其功能和其他四權一樣在使政府順利的推行政務，因此孫中山有所謂專家立法、五權合作重於制衡的說法。這種觀點與西方傳統將立法權視為國民主權的展現完全不同，在西方憲政傳統中，政權與治權是不可分的，人民推選出代表從事立法工作，直接參與並決定政府的行政，才是預防政府擴權，展現國民主權的唯一方法，而選舉權、罷免、創制、複決只可說是立法權的救濟，而不可能完全取代立法權。因此在孫中山的原始設計中，立法院的角色與功能顯然與西方國會的角色與功能大不相同，他期待在地方，人民可以以四權施行直接民主，而在中央，「國民大會」才是他心目中展現國民主權的機構，其具體的展現方式則為選舉、罷免、創制、複決四權，而不包括西方所謂的立法權。

　　至於孫中山憲政理論中有關國民大會之具體職

權，依學者之研究，可歸納爲以下數項（註八）：

1.制訂憲法並頒佈之。
2.專司憲法之修改。
3.行使中央統治權：包括對中央官員有選舉、罷
免之權；對中央法律有創制、複決之權；受理
監察院對各院人員失職的彈劾案；彈劾或罷黜
失職的監察院人員。
4.五院對國民大會負責。

「五五憲草」的落實

我國之憲政發展，因民初軍閥割據的動亂、對日
戰爭的紛擾，其實施過程可說是一波三折。民國22
年，國民政府成立「憲法起草委員會」，費時四年
多，於民國25年五月五日公佈「中華民國憲法草案」
（俗稱「五五憲草」），「五五憲草」中，國民大會的
職權包括（註九）：

1.選舉總統、副總統、立法院院長、副院長、監
察院院長、副院長、監察委員。
2.罷免總統、副總統、立法、司法、考試、監察

註八：李炳南，〈孫中山國民大會學說之研究〉，立法院院聞：23卷10
期，頁2-9。
註九：朱志宏，〈國會制度改革之研究〉，收錄於《國民大會憲政改革
委員會常務委員會委託專題報告第二輯》，國民大會秘書處編印，民86年3
月，頁113-168。

各院長、副院長、立法委員、監察委員。

3.創制法律。

4.複決法律。

5.修改憲法。

6.憲法賦予之其他職權。

　「五五憲草」確立了我國中央政府體制的基本架構，對後來通過的中華民國憲法有重大影響，因此可視為我國憲政制度發展路徑的第一次選擇。很明顯的「五五憲草」的起草者選擇了孫中山「權能區分」的理論，而放棄了西方國家所熟悉的三權分立制度，（註十）在「五五憲草」中，國大擁有選舉、罷免總統及重要行政首長之權和創制、複決法律等重要權力，因而可說掌握了中央統治權，而立、監兩院只是聚集專家，貢獻其專門知識的治權機關。（註十一）國民大會的職權設計，在此大致符合孫中山「權能區分」下擁有政權的的國民大會，國民大會「權能區分下的五權憲法架構」的路徑依循，可說以此為起點，開始開展。

政治協商會議的修正

　「五五憲草」頒佈後，中日戰爭爆發，制憲遽爾終止。直到34年抗戰勝利，國民政府始邀請各黨派代表

註十：高孟琳《國民大會定位問題之研究》，台大三研所碩士論文，民83年3月。

註十一：朱志宏，前揭文。

及社會賢達舉行「政治協商會議」，此次協商之內容，成為我國在民國35年12月25日所通過之憲法的重要依據。此次會議由於共產黨勢力之擴大，使得孫中山原本在「五五憲草」中已獲落實的「權能區分」理論，受到相當大的質疑，在國民黨一番折衝之下，保留了憲法中五院及國民大會的架構，但其具體的職權卻已與「五五憲草」中的規定大不相同。

在國會制度方面，政治協商會議通過「全民行使四權，名之曰國民大會」，此原則即所謂「國大無形化」，也就是廢除國民大會。但國民黨對此大表不滿，著力與各黨派再行協商，其後才於11月19日完成中華民國憲法草案修正案，其規定國大的職權為（註十二）：

1. 選舉總統、副總統。
2. 罷免總統、副總統。
3. 憲法修改之創議。
4. 複決立法院所提之憲法修正案。
5. 關於創制、複決兩權之行使，除前項三、四款之規定外，俟全國有過半數之縣市，曾經行使創制、複決兩項政權時，由國民大會制訂辦法並實行之。

政治協商會議對我國的國會制度作了相當大的修

註十二：高孟琳，前揭文。

正。首先，賦予立法院完整的立法權及預算權，使立法院擁有相當於西方國會的性質和定位，但在國大不廢的原則下，保留給國大選舉、罷免總統、副總統、修改憲法及創制、複決法律的權力。選舉、罷免及修憲權屬於不能經常使用的權力，創制、複決則有嚴格的限制，在全國未過半數縣市曾行使過前，形同凍結。因此國大成了所謂的「非常設機關」，實質權力大減。政治協商會議的修正，使得立法院的國會地位確立，但也因讓國大獨佔修憲權，使得國大擁有與立院相抗衡的利器，國大、立院對峙競爭之勢，至此確立。

現行憲法下的國大職權變遷

我國現行憲法於民國36年元旦公佈，12月25日開始施行，但行憲之後即遇中共起兵，民國37年國民黨政權凍結憲法，制訂「動員戡亂時期臨時條款」，在凍結憲法本文的情況下，不僅蔣介石得以連任總統，合法化的集大權於一身。第一屆國大代表也得以繼續行使職權，不用改選，因而產生萬年國會，種下民國80年的修憲之因。繼民國80年、81年的「一機關、兩階段」修憲後，國大續於民國83年、86年展開第三次及第四次的修憲，以下將針對歷次修憲的國大職權演變作一簡單的表列敘述。

會別	時間	職權調整	說明
制憲國民大會	民36年	1.選舉總統、副總統。 2.罷免總統、副總統。 3.修改憲法。 4.複決立法院所提之憲法修正案。 關於創制、複決兩權，除前項三、四款規定外，俟全國有過半數之縣，曾經行使創制、複決兩項政權時，由國民大會制訂辦法，並實行之。	憲法本文。
第一屆國大第三次大會	49年3月	第一次修訂臨時條款。明訂設置機構研擬行使兩權辦法。	同年七月一日設置國民大會憲政研討委員會。
第一屆國大第一次臨時會	55年2月	第二次修訂臨時條款。明訂得制訂行使兩權辦法，不受27條2項之限，閉會期間設置研究機構。	兩權行使辦法通過。憲政研討會取得運作法源。 民79年一屆國大第八次會議，國大提案擴權，包括自行追加出席費至22萬、延長任期為9年、每年開會、行使創制複決兩權等，引起社會強烈批評。

會別	時間	職權調整	說明
第二屆國大第二次臨時會	80年4月	暫時回歸憲法。	廢臨時條款增定憲法增修條文，國大代表改由自由地區與政黨比例選出。
第二屆國大第一次臨時會	81年5月	1.總統、副總統改由人民選舉。 2.增加對總統提名之司法院正副院長、大法官、考試院正副院長、考試委員之人事同意權。 3.增加聽取總統國情報告權並提供建言。 4.每年至少集會一次。 5.國大任期改爲四年。	總統、副總統採公民直選或委任直選未定。另有設置議長及審查立法院預算等修憲案在二讀會擱置。
第二屆國代第四次臨時會	83年5月	1.補選副總統。 2.提出總統、副總統的罷免案。 3.議決監察院提出之總統、副總統彈劾案。 4.同意權部份，再增加對監察院正副院長、監察委員的同意權。 5.增設議長、副議長。 6.國民大行使職權之程序由國民大會訂之。	正、副總統選舉確立採公民直選，監察院改爲準司法機構，監察委員改由總統提名國民大會同意。國民大會下設常設之憲改研究機構。

會別	時間	職權調整	說明
第三屆國代第二次大會	86年5月	未做變更。	總統、副總統彈劾提案權改歸立法院。 此次大會有兩號對於「單一國會兩院制」的提案（註十三）。修憲結束後設「憲政改革研究小組」定期集會。

　　觀察現行憲法下的國民大會職權變遷，其一方面維持權能區分下的五權憲法架構；一方面則由於國大代表改由自由地區選舉產生，因而努力爭取西方國會的職權。有關其變遷的路徑軌跡，本文將於下節詳述。

註十三：修憲提案第八十五號，主張將國大改為上議院，九十號，主張廢國代，實施單一國會兩院制。並有第六號，第三十三號提案主張國大組織、預算由立法院改為國民大會自討之，第九號提案主張國民大會對其他三院之預算有審議權。

國會改革的結構制約與路徑依循

結構制約

　　如同「新制度主義」的看法，人們必須在現實世界中做出決定，而所謂「現實世界」，包括了有形的既有制度的約束，也包括了無形的習慣、意識型態等非正式制度的約束，這些「現實世界」對國民大會的影響，我們稱之為「結構制約」。

　　觀察國民大會此一制度的形成與變遷過程，在「五五憲草」時期的選擇，確立了國民大會此一機關的實質存在，並在憲法上明確賦予它「政權」機關的定位，此一選擇主要基於對「權能區分」理論的採用。由於當時國民政府為國民黨一黨執政，而孫中山既為國民黨的創始領袖，其學說亦為革命的理論號召，故憲草起草者一方面受革命理論浸潤已久，一方面自不願冒反革命領袖、革命思想之大不諱，「權能區分」理論對其而言，應為成本較小之制度。且當時民智未開，一般民眾對西方所謂三權分立的憲政結構並不熟悉，故國民大會制度並未受到很大的反對，其獲致採行，乃順勢而成。

　　但到了憲法制訂之時，共產黨勢力已大，「權能區分」既非共產主義意識型態之一部份，（相反的它可能因為是國民黨意識型態的象徵，而受其他黨派之

反對），且國民大會迥異於西方三權分立的設計，欲以代議政治之面貌實施直接民權，亦受到當時傾心於西方憲政理想知識份子的大力反對（如張君勱）。故我國政治協商會議之時，已有廢除國大及國大無形化之聲浪，最後雖在國民黨的堅持下，我們憲法仍維持了國民大會此一機構，但國大職權大幅縮減，其主要職權只剩下選舉、罷免總統、副總統及修憲權（創制、複決權則有嚴格限制），其權力與「權能區分」下的國民大會大不相同。此一憲法施行未久，即遭凍結，動員戡亂時期之國大，除代表未改選、無法行使創制、複決權外，其基本職權定位，仍依照憲法條文行之。

民國79年，我國一方面面臨國際民主化的潮流，國內對於民主的呼聲愈來愈高，另一方面由於李登輝繼位與三月學運的催化（註十四），79年的「國是會議」，拉開了我國憲政改革的序幕，由民國80年至今，短短7年內，已經歷經4次修憲，其中國民大會職權的變化如上表所示。究竟有哪些歷史結構條件影響了我們這幾次修憲對「國民大會」制度的改變呢？本文認為至少有以下三項結構，制約了我們的選擇。

註十四：三月學運提出下列主張「宣佈終止動員戡亂時期、廢除臨時條款、解散國民大會、召開國是會議」，可見學生除不滿長期之戡亂體制外，國大在79年2月舉行之第一屆國大第八次會議的擴權提案，亦為三月學運之觸媒。李炳南《第一階段憲政改革之研究》，台北：揚智文化事業股份有限公司，民86年。

憲法作為統、獨意識型態圖騰：

自國民黨政權於民國38年撤退至台，其一貫立場為堅持一個中國，主張台灣與大陸之統一，並認為中華民國是唯一可以代表中國的合法政府，中共政權只是一個叛亂集團。政府遷台後雖為因應實際政治情勢而數度修改臨時條款，但卻一直堅持不可變更憲法本文，其將憲法視為統一的圖騰，終將在統一後施行於全中國，在這樣的思考模式下，出現了「將憲法帶回大陸」、「維持中華民國法統」的口號，憲法維持不動，成為政府堅持統一的象徵。

而在台灣反對勢力逐漸成形的同時，憲法在台灣的適用性逐漸受到質疑，臨時條款所造成的獨裁專制與萬年國會的流弊成為民進黨大力抨擊的對象，民進黨主張大幅修改憲法（或制憲）以符合台灣實際的需要，而這種大幅修憲（或制憲）的主張，與民進黨傾向台灣獨立的立場相結合，更使憲法成為統、獨的意識型態圖騰，而民進黨之修憲主張也屢屢被執政黨抨擊為制憲，指責此種制憲行為等同於宣佈台灣獨立，將引發兩岸的緊張關係。

國家認同的問題與兩岸關係，一向為我國政治實際不得不考量的深層因素。民國80年，國民黨雖為因應民主化呼聲與政治現實而不得不修憲，但在其主張統一的意識型態考量下，憲法的基本架構仍為其不可碰的禁忌。在此次修憲中「堅持五權憲法體制不變」

（註十五），為其最基本堅持，此項堅持歷經四次修憲仍未改變，第四次修憲時，面對民進黨廢國大的聲浪，國民黨及新黨仍堅持「五權憲法體制不變」的立場。

但所謂「堅持五權憲法體制不變」究竟意味著什麼呢？在四次修憲後，我們可以看到雖然所有的中央政府機關都還存在，但其職權地位卻已有了根本性的調整，最明顯的是監察院由具有國會性質轉變為準司法機構；而在國民大會的職權調整中，選舉總統、副總統，創制複決權等原為孫中山五權憲法原始設計所賦予國大的職權，但歷次憲法修改逐一剝奪了國大的這些職權。由此可見，國民黨所謂「堅持五權憲法體制不變」所指的只是五權設計下機構的留存，這些機構形式的存在，足以成為其主張統一的象徵，至於這些組織的實際職權定位，則與統獨無關。這種意識型態使得國民黨可以接受國大職權修改，卻無法接受廢除國大的主張。對於新黨而言，也是類似情況。

國大獨佔修憲權的憲政設計：

國民大會改革之結構制約，除了主導修憲權的國民黨視其為主張統一的圖騰，導致其變革必須在統、獨的考量下進行外，另一重要因素為我國憲法賦予國

註十五：宋楚瑜曾公開表述第一次修憲國民黨的五項堅持：1.堅持中華民國法統而不是變成台灣地區。2.修憲應著眼於中國統一。3.堅持五權憲法體制不變。4.修憲而不制憲。5.憲法本文不動。只增定條文。李炳南，前揭書，頁39。

大獨佔修憲權，國大存廢乃至於國大任何職權的變動，都只有國大自己能決定。因此，在談論國大改革阻礙時，學者最常指出的即為國大擁有修憲的尚方寶劍，要其自廢武功無異緣木求魚，國大職權之擴張在憲法上更無任何機構可以加以制衡。

　　從新制度主義的角度看，國大之廢除或縮減職權已非所謂「帕累托改進」，其制度革新必然會引起利益受損者的反彈，而削減國大職權之利益受損者－國大代表恰為此制度革新之唯一決定者，革新之困難由此可見。站在組織的首要目標在維持組織自身的生存（註十六），以及制度有自我強化的機制等原理，國大逐漸擴張其職權，自在意料之中。

　　近年來，我國政治情勢日益開放，國大代表在以正常選舉產生出的情況下，民意基礎日增，自主性也相隨提昇，導致各政黨在國大的政策貫徹日形困難。國發會共識中，國、民兩黨原已達成將國大代表全部改由政黨比例選舉方式產生，此舉本旨在加強政黨對國大的控制能力，此案在兩黨協商中雖已達成共識，在國大代表中卻引起高度反彈，最後仍宣告失敗。由此我們可以看出國代自主性的提昇已影響到政黨對於修憲的控制力。而國代在對抗黨中央，展現其自主意識時，除了強調其為人民直接選出之民意代表外，另一理由即為保全五權憲法架構。在「權能區分」設計

註十六：陳宏銘，前揭文。

中，國大原為表達人民意志之重要政權機關，現又為表達統一立場之重要圖騰，其在意識型態上之重要性，成為有利於國代自主增權之大環境結構。因此，在國大自主權逐漸提升又獨佔修憲權的憲政設計下，國大制度的改革如違反國大這個機構或其成員（即國大代表）的重大利益，改革必遇阻礙。

憲政結構下的正當性危機：

國大既在國民黨意識型態的保護下，又擁有修憲的尚方寶劍，為何其能交出總統、副總統的選舉權，歷次修憲的擴權行為何又常無法成功呢？這必須要從其憲政結構下的正當性危機來瞭解。

動員戡亂時期，國大代表在臨時條款的保障下不僅長年不用改選，反利用其選舉總統及修憲之權大行政治勒索，並積極謀求恢復創制、複決兩權。在此一時期，國大既無民選的民意基礎為後盾，又無普通立法權；無法有立法貢獻又與一般民眾互動不深，在此背景下，國大存在的正當性長期受社會質疑，國大的擴權行為，每每遭致社會輿論的批評。歷史上，長期缺乏民意基礎，卻常有自利擴權之舉動，此其正當性危機之一。

民國80年，國大恢復民選，依現行憲法，國大主要職權只有修憲權，但為了修憲而專門成立一個常設性機構，實為世界獨一無二之設計。在國大修憲後的

職權中，創制、複決權已被凍結；罷免及彈劾權為非經常性職權，使用機會不高；同意權屬被動性質；建言權無實質效力；因此只有修憲權是國代可以經常性、主動發動並具有實質影響的權力，在政治人物不能沒有舞臺的通則下，導致我國雖為剛性憲法卻修憲頻頻，也難怪引起法政學者及人民對其修憲正當性的質疑，尤其當其修憲內容涉及到國大職權之擴張時，一定會引起各界的交相指責。一機關專職修憲，缺乏制衡機制，此為其正當性危機之二。

此外，國民大會雖在大法官的解釋下，和立法院並為我國國會，但其職權定位實與西方國會相差太多，相反的立法院因擁有西方國會最主要職權－立法權與預算權，因而成為我國人民心目中最具正當性的民意機構。在國大思欲擴權時，常常會影響到立法院作為國會的職權地位，國大不是侵害到立法院原有國會職權（如國大自訂組織法），就是取走立法院所想爭取的西方國會職權（如同意權、彈劾權），這使得國民大會與立法院產生了結構性的競爭關係，也就是所謂「蟑螂、垃圾」之鬥的由來，雖然立法院可以制衡國大的武器不多（如預算權），但其擁有龐大的民意基礎為後盾，兩者結構性的競爭關係為國民大會正當性危機之三。

而由於國大代表的重要職權只有修憲權，但修憲與一般民眾的關係並不深，因此國大代表一職的重要性，無法與一般的民意代表相提並論，一個有政治企

圖的人，其第一選擇往往不是國大代表，於是乎國代一職往往成為從政者通往其他職務的跳板，導致國代在各黨的黨內地位普遍不高，缺乏重大政策的最終決策權，外界稱之為二軍乃至三軍，對其評價偏低，此為國大正當性危機之四。

上述所言之歷史性的缺乏民意支持、無制衡的一機關修憲、與立院的結構性競爭關係和黨內地位偏低等正當性危機抑制了國大擴權的野心與舉動，並使得政黨的意志，在國民大會中較易貫徹。歷次修憲中國大雖有擴權行為，卻仍需多方考量，實際上受到相當限制，但如上所言，國大代表之自主性隨著民主化的進展，政黨控制能力的減弱，在近年已有日漸增強之趨勢。

路徑依循

在這三個結構因素制約的情況下，我國國民大會制度可說是依循兩條路徑在發展，其一是維持權能區分的五權憲法架構，其二是往西方國會性質靠攏的增權行為。這兩條路徑我們可以從國大職權的演變中獲得證實，而這兩條路徑看似矛盾，其實是並行不悖的。

權能區分的五權憲法架構：

如前所言，「五五憲草」選擇了孫中山「權能區

分」理論作爲制憲的基礎，我國政府因此有了五院外加國民大會、總統等七個重要憲政機構的設計。政治協商會議雖然改變了這些機構的職權，但基本上這些機構都被保存了下來。因此「五五憲草」可說是我國國民大會發展中「權能區分的五權憲法架構」此一依循路徑的起點。

另一方面，由於統獨意識型態的制約，在歷次憲改中，維持五權憲法架構一直是被喊得最響的一個口號，當然這也隱含既得利益者對制度變遷的抗拒，從一屆國代制訂「創制、複決兩權行使辦法」，到三屆國代仍有人主張恢復國大創制、複決兩權的行使權，由此可見，恢復權能區分下的國大職權仍爲部份國代所朝思而暮想，但此所謂「權能區分的五權憲法架構」已縮小爲維持五院與國民大會的存在和創制、複決兩權的行使。在可預期的未來，此一路徑將延續直到主張統一的人無法在國民大會獲得四分之一的修憲否決權，或國人的統獨意識型態內容產生重大變化。

往西方國會性質靠攏的增權行爲：

雖說「權能區分」理論爲我國憲法設計的原理，但不可否認的，我國憲法已摻有許多三權分立的元素。尤其隨著民智之開啓、東西方交流之日益頻繁，西方三權分立的憲政思想已或知覺或不知覺的侵入國人的意識中，爲國人所接受。自從二屆國大選出後，由於其爲人民直接選舉產生，在認知上傾向於將自己

等同為西方國會中的國會議員，因此自二屆國大以來，其職權擴張的要求已漸漸的從創制、複決兩權演變到希望擁有西方國會的一般職權。二屆國代後，我國國大制度已漸漸發展出另一條路線「往西方國會性質靠攏的增權行為」。

　　二屆國大選出後，第一次臨時會國大即增加了司法院與考試院的人事同意權、聽取總統咨文與國是建言權、定期集會權；第四次臨時會又增加了總統、副總統彈劾權、監察院人事同意權、設議長、副議長；三屆國大的職權雖未做變更，第二次會議中更有人提出「單一國會兩院制」的修憲提案，並獲得許多國代的熱烈支持。（註十七）

　　在歷次修憲的變革中，國大首先成了如西方國會的常設性機構，可定期集會，其性質自不同於以往為了修憲才能召開的臨時性機關。既為常設性機構，國大當然希望能擁有能經常使用的職權，人事同意權、國是建言權、彈劾權、常設研究機構，這些都是我們一般所言的國會職權的一部份，其重要性雖不能與立法權與預算權相比，但從這些職權的取得，我們已可看出國大希望獲得西方國會職權的路徑，而從第四次修憲「單一國會兩院制」的獲得熱烈迴響，此一路徑

註十七：修憲提案第八十五號主張將國民大會訂為上議院，其連署人數高達一百六十一人。其在審查會中以四分之三多數通過建請二讀（在場人數234人，贊成176人）。（修憲審查委員會第九次會議速記錄：104）

顯然將繼續延續。

國會改革的方向與建議

改革的方向－改革現制成為兩院制

學界、政界對國大未來改革的建議可歸納為以下
幾類：

1. 廢除國民大會。
2. 國大無形化，還政（權）於民，由人民直接行
   使四權。
3. 回歸「五五憲草」之國民大會職權。
4. 發展成為強勢兩院制（註十八）。
5. 改良現制成為弱勢兩院制。

我們試著從結構制約與路徑依循的角度來檢驗這
些方案的可行性。首先，從結構制約的面向檢驗，方

註十八：著名政治學者李帕特(Lijphard, Arend)認為，將議會制度只分為
兩院制與一院制是不夠的，兩院制議會可再分為「強勢的兩院制」與「弱
勢的兩院制」。李帕特指出強勢的兩院制需依靠兩條件：1.就兩院的組成
結構而言，必須是不一致的。2.就兩院個別的立法權而言，必須是「對稱
的」或「中度的不對稱」。亦即，「強勢的兩院制」指兩院的組成結構不
一致且所擁有立法權為「對稱的」或「中度的不對稱」；「弱勢的兩院制」
則指兩院所擁有的立法權是非對稱的，一院權力較大，另一院的權力較
小，或指兩院的組成結構相當一致。艾倫·李帕特，《當代民主類型與政
治》，台北：桂冠出版社，民82年，頁104。

案一「廢除國民大會」意指放棄權能區分的基本架構，使立法院成為單一國會，國民大會之職權應釋出，交由人民或立法院行使；方案二「國大無形化」，則認為孫中山既主張直接民權，國民大會應定位為「無形的國大」，或「散見於民間的國大」，主張憲法仍為權能區分的架構，但全國選民行使四權即為國民大會。無論是方案一與方案二，即無論廢國大或是國大無形化，其實施的手段都是必須裁撤「國民大會」這個機關。而裁撤「國民大會」既違反了統獨的意識型態，又不符合國大本身的利益，因此基本上是不易實施的。方案三「回歸五五憲草」，雖不會引起獨立的疑慮又符合國大的利益，但國大如此擴權必會引起民眾及其他相關機構的強烈反彈，國大在缺乏正當性的情況下，不可能強渡關山。

那麼，剩下的就只有方案四與方案五「發展成為兩院制」了。如果國大發展成為兩院制中的一院，基本上是符合國大利益的，但會不會違反統派「堅持五權憲法體制不變」此一意識型態禁忌呢？如前文所言，所謂「五權憲法體制不變」已經簡化為五院與國民大會這些五權設計下的機構必須留存。因此，只要國民大會還存在，並維持「國民大會」此一機構名稱，即使其職權加以調整，也可避開統獨的爭論。因此國大往兩院制發展，所剩下要面對的結構性問題，就是國大的正當性危機。以往國大如有擴權行為必引發民眾的批評，來自立法院的反彈更大，如採方案四發展成為強勢兩院制，則國民大會將擁有足以制衡立

法院的權力，朝此發展意味著國大需擁有更多重要的職權，對立法院的威脅也就更加嚴重，因此，可預見的，國大朝方案四「強勢兩院制」發展，必將引發嚴重的憲政爭論。

　　如此一來，我們唯一的選擇就只剩下方案五，「改良現制成為弱勢兩院制」？的確，「弱勢兩院制」是我們現今成本最小的選擇，國大既然所擴充的職權不大，所引起的正當性質疑自然較小，若要達到「帕累托最適」，則最佳的情況是此一改革，既有利於國大，又無損於任何人，即使無法達到「最適」，也要使他人的損失降到最低。鑑於我國政治勢力分配中，最有影響力的是立法院，因此，國大在改良現制，往弱勢兩院制中發展時，最好的情況是不與立法院奪權，盡量使立院仍可保有它現有的職權。而為降低人民對國大擴權的疑慮，國大應釋出其所獨佔的修憲權，若能因為所增加的職權，使得國內的一些憲政問題一併獲得解決，則當人民感受到其福利更增加、權利更受保障時，在本益的考量下，對國大擴權的正當性質疑自然會趨消除。

　　此外，考察國大發展所依循的「權能區分的五權憲法架構」與「往西方國會性質靠攏的增權行為」兩條路徑，則廢除國大或國大無形化之議，顯與兩條路徑不合。回歸「權能區分」下的職權，在政治協商會議已被拋除，我們顯然不能走回頭路。「兩院制」顯然才是符合發展路線的選擇。在國大未來的改革中，

若能一方面依循第一條路線，繼續保持國大的存在；一方面依循第二條路線賦予其西方國會若干職權，則改革依循既有路徑發展，將可減少改革變動的成本。

改革的建議

循著國大制度變革的結構制約與路徑依循，本文歸納出以下幾個改革時應注意的原則：

1. 維持「國民大會」此一機關之存在、並賦予西方國會部分職權，為最符合國大發展路徑的改革。
2. 國大名稱不可變動，以避開統獨爭議。
3. 在結構的制約下，國大職權的變動，務必使立院所受的損失降至最小，或進一步，強化立院職權，即可降低立院反彈。
4. 為降低人民對國大擴權的疑慮，國大應釋出修憲權，其所增加的職權，應著眼於解決我國當前憲政問題，以獲得人民的支持。

在這四點原則下，本文認為，當前最為國人所詬病的憲政問題，依其嚴重性，有以下三項：

1. 立法院立法懈怠嚴重，立法品質低落。
2. 總統有權無責。
3. 各縣市發展不均、地方及弱勢團體權益未獲保障。

若國大新增的職權，能有助於解決此三項問題，則可獲得民眾支持，解決正當性危機。遵循這些原則，以下試擬符合改革方向的國大組成方式與職權。

名稱與組成：

1.名稱：仍維持「國民大會」之名。但以括符（上院）稱之。

2.組成方式：國大代表名額訂為200名，其中百分之五十由區域選出，台灣省21縣市、福建省金門、連江兩縣市，加北、高兩直轄市各選出四名，總共100名。另百分之五十由政黨比例代表制選出，其中必須包括弱勢團體之婦女代表20名，原住民代表10名、殘障代表10名；另應有專家學者代表10名、海外代表10名及全國不分區代表40名，總共100名。

　　改革後的國大組成以各縣市代表、弱勢團體代表、全國不分區代表與專家學者為主，即在組成上強調國大之「地方性」與「功能性」。國大「地方性、功能性」之定位取向將與立法院代表個別公民、保障個人利益之定位不同，能將兩院作明顯區隔，使彼此競爭的場域分離，而競爭場域的分離有助於降低兩院的的敵意與衝突，並可避免國民大會日後與立法院爭奪一般的立法權。

　　而國大仍以「國民大會」為名，則可維持國民黨

及新黨所堅持的「五權憲法」架構；另一方面，國大改以各縣市為選區，不同於立法院以人口數作為劃分標準，此種著重地方代表性的性質，與民進黨所宣示的「台灣主權」立場相符，對民進黨而言，當較現今之國民大會更易被選民接受。

職權之變更：

◎對立院之制衡

如上所言，立法院議事效率不彰，長期為人民所不滿，所以如果國大能對立院有所制衡，當為國人所樂見。但國大改革要避免立院的反彈，則應盡量避免使立院實質利益受損，在此兩難情況之下，本文建議，在對立院的制衡方面，國大之權應以「消極而非積極」、「被動而不主動」為基本原則。

在此兩原則下，國大擁有的職權可包括：

1. 政府預算及所有法律草案或提案應先交立法院審議通過後，再送國民大會進行全案審查。國民大會應於法案送達後30日內依其所接獲之案文全案通過，或加註意見送回立院再行審議，立院若仍依原案通過，則該法案不需再送國民大會，即送總統公佈實施。國民大會超過30日未完成議決，則法案視同通過。一立院立法過程草率，早為國人詬病，法案於立院通過後再

經國大審議討論，可救濟立法草率。但為維持立法院完整的立法權及避免損害立法效率，國民大會應於一定期間內按原條文通過立院已審議完成的法案，對有重大爭議的法案，國大方可加註意見退回立院重新審議。總體而言，國大只擁有對法案的延遲立法權（即藉將法案退回立院而延遲法案通過的時間）藉著延遲立法的權力，來督促立院周延立法，立法院仍然保有完整及最終的立法權力。

2.法案在立法院擱置超過兩年未審議者，應移交國民大會審議，但國大應以三分之二通過決議之。－此為立法懈怠條款，第四次修憲中，國民黨原提議若立院懈怠立法，則總統得頒暫行條例行之，惟此顯有行政權過度膨脹之嫌。但觀之立法懈怠條款頗獲一般民眾支持，入憲大有可能，與其讓行政權如此擴張，不如改由同為民意機關的國大來作審議，而國大以絕對多數決通過，可減少立院反彈。

3.行政院送交立法院之重大民生法案（行政院在提案時，需對重大民生法案加以註記）立院若超過一年未審議，行政院可將其轉送國民大會審議，但每年不得超過5件，國民大會過數通過後十五日內，立法院得以三分之二否決之。－鑑於近年行政國家之發展，為應付及時立法之需要，行政院得要求將重大民生法案轉送國大審議，但立法之最終決定權應為立法院，故

立法院對此法案應有否決權。

4.立法院及國民大會之組織法、預算及待遇之調整應由兩院交互審查，期使通過之案文內容一致，如兩院意見不一，則應召開聯席會議審議之。－兩院交互審查與自身利益相關的組織法預算及待遇，可收相互監督之效，避免民意代表自肥自利。

上述所言國大所擁有的延遲立法權、重大民生法案審議權及立法懈怠時之立法權，不是只有延遲的效力，就是必須在立院不積極作為時才能行之，前二者立法院都還有最終決定的權力，後者則需國大以絕對多數才可通過，因此符合了改革中「被動而不主動」、「消極而不積極」的原則，而交互審查組織法、預算及待遇則可收相互監督之效。

◎對地方權限、弱勢團體的保障

國代既改以各縣市代表、弱勢團體代表、全國不分區代表與專家學者等為其代表基礎，其職權自應著重對其選民的保障，其職權可包括：

1.中央政府每年對各地方政府的補助預算編列及有關中央、地方財政收支劃分之法律，應先交國民大會審議，再送立法院議決。－國大既以保障地方平衡發展為機關目的，有關的財政補助、法規規範，國大自應有優先審議權，但預

算權爲立院重要職權，不可輕易奪之，因此立院保有最後決定權。在國大擁有各地方民意的基礎下，立院應會尊重國大之決定。

2.國大可針對保障弱勢團體條款主動制訂法律，但立法院得以三分之二否決之。－我國對於弱勢團體的發展與保障所付出的關注一向不夠，因此國大對這些與弱勢團體直接相關的議題應有立法權，但立院仍可否決之。

◎對總統的制衡

第四次修憲中，學者最大的批評就是總統「有權無責」，而觀之憲法，唯一能對總統起若干制衡作用的就只有國民大會，其制衡的方式包括：

1.總統必須定期至國民大會發表國情報告，並聽取國代的國是建言。
2.提出總統罷免案。
3.彈劾總統的議決權。
4.對總統提出的人事案擁有同意權。

本文認爲這些制衡總統的權力得來不易，國大應繼續保持以發揮制衡總統之功能，然而建言、罷免、彈劾及同意權本爲西方國會職權中的一部份，因此應由立法院及國民大會分享，其具體辦法如下：

1.建言權：總統必須定期至立法院與國民大會之

聯席會議發表咨文，並聽取立法委員及國大代表之國是建言。

2. 罷免權：總統、副總統之罷免案，需經立法院代表總額四分之一之提議，三分之二之同意後提出；或經國民大會代表總額三分之一之提議三分之二之同意後提出，並經中華民國自由地區選舉人總額過半數之投票，有效票過半數同意罷免時，即為通過。－由於國大改革為上院後，其人數略少於立法院，因此罷免案提出之人數比例應略高於立法院。

3. 彈劾權：立法院及國民大會對於總統、副總統犯內亂或外患罪均可提出彈劾案，彈劾案經全體立法委員二分之一以上提議，全體立法委員三分之二以上決議，或經全體國大代表三分之二以上提議，全體國大代表四分之三以上決議提出後，立法院院長暨國民大會議長需於彈劾案提出10日內，召開兩院聯席會議，經全體代表總額三分之二同意後，被彈劾人即應解職。

4. 同意權：立法院與國民大會應召開聯席會議對總統提名任命之人員，行使同意權。

◎修憲權的分享

國大欲轉型為兩院制中的上院，必須釋出修憲獨佔權，方能獲得支持，在公民複決修憲於我國尚因涉及統獨而阻礙重重時，本文建議由立法院及國大分享修憲權。

修憲提案經全體立法委員或國大代表三分之二以上提議，四分之三以上決議提出後，立法院院長暨國民大會議長於修憲提案提出三個月日內，應召開兩院聯席會議，經兩院聯席會議以四分之三決議通過之。這種設計將增加修憲的困難度，能改進我國一機關修憲及憲法更動頻繁之弊病。

◎其他職權

除了因應制衡立院、保障地方、弱勢團體權益及對總統制衡所做的職權設計外，本文認為，為健全我國國會制度，此次修憲所討論的調查、聽證權，應一併入憲成為國會職權。國民大會及立法院應同時擁有調查權及聽證權，如此才能避免行政權的擴張，做好監督行政、保障人民權利的工作。

另立法委員的任期也應由下屆起改為四年，使其與國大代表、總統任期一致，一方面減少我國選舉的頻率，一方面統一各民意代表的任期。

結語

許多憲政學者從我國並非聯邦制，地方小，人口少，種族、文化、語言差異不大等等條件來論述我國不適合也不應該採行兩院制。但他們忘了歷史也是一

種條件，英國因爲要使貴族逐漸釋出他們的權力而創造了貴族院。歷史上的貴族傳統使他們選擇了兩院制，有人認爲，我國沒有貴族傳統，因此不需要兩院制，但貴族是英國的歷史，而我們要面對的是我們的歷史－國民大會的存在。

在分析國民大會變遷的結構制約與路徑依循後，本文認爲國民大會若能朝現制改良，走向兩院制中權力較小、象徵意義較大的上院，將爲我國國會改革方案中成本最小的選擇。

第 *4* 章

從日本國會運作論我國立法效率之提升

前言

日本國會運作成功的關鍵

我國立法院議事效率的改革

結語

附錄：日本憲政體制與國會運作

前言

　　一般民主國家非常重視民意監督機制，政府必須依法行政；而施政績效則深受立法效率之影響。近年來我國政治民主化、社會多元化、經濟自由化大力推展，加以兩岸關係快速變化，現行法規制度已難契合時代需要，亟待行政、立法部門高度合作，提升立法效率，以加速健全法制、貫徹法治，推動國家現代化建設工作。

　　與民主先進國家相較，我國民主議會政治發展尚屬起步階段，國會規範仍待確立，議事效率亦持提升；立法效率不彰甚至成為影響經濟發展的負面因素。回顧民國八十一年底立法院辦理第二屆全面改選後，雖漸具議會政黨政治雛形，惟在政治民主化加速推動的過程中，各種抗衡事件不斷，嚴重影響議事效率。自第三屆（八十五年～八十七年）起，立法院進入多黨政治時代，各政黨合縱、連橫交錯，議事進行面臨更多變數，第一會期甚至僅通過六項法案；第二會期稍有改善，亦僅達二九項法案。及至第三會期，在民意的殷切期許下，通過了九四項法案，隨後第四會期亦通過四一項法案，兩會期合計已超過「國家發展會議」每年通過一○○項法案的目標，深受各界肯定。

　　展望二十一世紀，將是一個資訊掛帥、環保優

先、無國界時代來臨的世紀，舉世各國刻正競相提升國力，以因應全球化的挑戰。在新世紀的國力競賽中，「效率」與「品質」正是我國現代化建設成敗關鍵之所繫，尤以行政、立法、司法效率與品質的提升最為重要。民國八十六年，行政部門依循國家發展會議之結論，戮力推動政府再造，提升行政效率；八十七年起更將依據「政府再造綱領」，積極進行組織之調整、法規之鬆綁、制度之變革。可以預見，在這新、舊世紀之交，我國將有數以百計的法案必須增修訂，亟待立法部門高效率之協助與配合。因此，如何強化國會功能，促進立法與行政部門的良性互動，建立高效率的國會體制，將是提升行政效能、推動經濟發展、邁向現代化國家的關鍵所在，有待立法、行政部門及全體國人共同努力。本文旨在師法日本國會運作，探討我國立法效率提升之道。

日本國會運作成功的關鍵

日本在第二次大戰以後立法與行政部門積極合作，政黨間良性互動，國會議事效率極高。近年來每年議決法案數保持在一○○至二○○項之間，甚至曾有單一會期內通過二○○項以上法案的紀錄，其成功經驗值得效法。簡要歸納如下：

制度完備、運作順暢

憲政體制基礎穩固：

1. 國會爲協商、立法、決定國家大政的最高機構兼具制衡、協調與議事功能，與內閣同源而分立，充分發揮「制衡、合作」機制。
2. 內閣由國會多數黨議員爲主幹所組成，政治重心以內閣閣員爲主、國會議員爲輔，內閣對於國會有召集及解散權利。
3. 國會議員享有議會言論免責權及會期中不受逮捕之特權，但身份屬於特別公務員，其權利義務受公務員相關法令約束。
4. 議員薪資與政務次官同，另支給旅費、期末津貼、通信費及雜費等。議員退職金依在職年數一次或採年金方式支付；任職二五年及五〇年以上者，分別享有特別交通費以及憲政功勞年金。

政黨政治運作順暢：

◎政黨約束力強

1. 法案提出前，政黨所屬議員可有充分權利自由表達意見；惟「黨議」一旦形成，議員必須無條件服從，並全力支持立法。
2. 政黨對其所屬議員的發言、表決具有強烈約束力，確保正式及非正式政黨協商管道之運作，

以有效簡化政治立場，化解分歧，強化法案的審議效率。

3. 資料顯示：自民黨執政期間，該黨國會議員對於內閣法案完全支持，未有缺席、棄權、或投下反對票之紀錄；聯合內閣執政後，立法前置作業重點轉為黨政協議功能的強化，促使文官體制配合政黨和諧互動，仍保持日本國會高度的立法效率。

◎政黨相互尊重與黨團良性互動

1. 採行「優秀政黨制」多數黨經常主動將副議長職位讓予主要在野黨資深議員，以促進執政黨與在野黨之間的協調互動，維持議會運作的順暢。

2. 執政黨議員通常將發言時間主動讓予在野黨議員，使反對意見充分表達，以示對在野黨之尊重；在野黨於法案決議通過後，通常亦抱持相對尊重態度，不作非理性之抗爭。

◎政黨比例代表強化共識

1. 議員選舉採行小選舉區制，有助於形成政黨政治，使國會議事容易形成共識；同時採行比例代表制（相當於我國不分區代表），議員更能貫徹其所屬政黨的立場，提高議事效率。

2. 委員會成員係於屆期開始時，由議長依政黨比

例分配選任，同一屆內不再變更；而且，委員
會席次固定（僅委員長可出席其他委員會，非
委員會成員不得出席發言）有助於法案自審議
至議決之一致性，縮短議事時程。

審慎提案與專業審議分工：

◎內閣審慎提案

1.各省、廳研擬之法律草案，先經執政黨內部協
　調及政黨協商，再交由內閣法制局專業修訂。
2.法案提交國會後，各省、廳國務大臣分別透過
　「議院運營委員會」及「國會對策委員會」，爭
　取議員的共識與支持。

◎專業法制諮詢與專業審議分工

1.參、眾兩院分設「議院法制局」，進行立法技術
　幕僚研究工作，提供國會各委員會專業法制之
　諮詢服務。
2.「委員會中心主義制」推動高效率議事分工、
　法案專業審議，故委員會決議具權威性，在院
　會中受到充分尊重。

◎審查程序順暢

1.法案提出後先由提案者向院會說明提案主旨，
　經議長交付委員會審查；審查完竣後即再交付

院會議決。法案文字之修正、定案，交付議長全權處理（並無我國「三讀」之冗長程序）。

2. 法案經參、眾兩院院會通過，即告成立；定案之法案由天皇發布施行。

倫理規範良好

議會倫理：

◎議長權威

1. 議長主導議會運作，權威不容侵犯。國會議長在行使職權時，並經常維護在野黨的發言權，有效營造議會和諧氣氛。
2. 議長鳴鈴時，全體人員必須沉默；散會時，須待議長退席，議員方得離席。

◎議會政治倫理

1. 參、眾兩院訂有「政治倫理綱領」揭示政治倫理，要求政治人物本於良知從政。議員如有損及國會尊嚴之發言或行為，議長得交付懲罰委員會審查處分，重者得經院會同意予以除名。
2. 議員得兼任民間職務（兼業）惟其收入必須向議長申報，接受監督。
3. 國會新進議員尊重、協助資深議員，積極參與法案審議，以培養議事折衝能力並蓄積資歷、人脈；資深議員則提攜後進議員，組成特定領

域之法案審議群組，藉由群組活動推動國會運作，傳承經驗、培養接棒人才。

議場秩序與禮儀：

◎議場秩序

1. 對於擾亂議場內秩序及無故不出席之議員，得予事後懲罰。懲罰方式有：告誡、公開道歉、一定期間停止出席、除名等方式；惟除名之懲罰須經出席議員三分之二以上之議決。
2. 旁聽秩序嚴格規範。兩院議場旁聽者必須接受搜身檢查，並不得以發聲或肢體動作干擾議事進行；否則議場警察得予驅離或逮捕，以維持議場秩序。
3. 會議過程僅授權NHK電視臺獨家實況轉播，以免議員爭相「作秀」；加以民主成熟度高，使國會爭吵現象減少。

◎議會尊嚴及議場禮節

1. 國會兩院訂有議場內使用敬稱、敬語之規定，以減少議事摩擦。議員稱呼議長及議員同仁須使用敬稱，發言時必須使用敬語，未遵行者將受警告或送懲戒。
2. 議員必須尊重議會尊嚴，議場內非經特許，不得戴帽、著圍巾及大衣，不得攜帶雨傘、拐

杖。議場內不得吸煙、閱報。

我國立法院議事效率的改革

　　立法院是我國最高立法機關，其功能相當於西方民主國家之國會，扮演匯集民意、制定國家法律與監督政府之角色，對國家各項建設發展貢獻良多。惟近年來政治生態遽變，立法體制規範已不敷時代需求，乃至待審法案堆積如山，嚴重塞車。據立法院程序委員會統計，自民國七十年第一屆第六十七會期至八十五年第三屆第二會期，政府提案待審議者達二三六件（委員自行提案仍待審議者高達六八八件）。另依民國八十二年二月至八十六年七月統計，政府提案三五九件，立法院通過二〇二件，待決法案高達一五七件，顯示立法進度緩慢，難以配合經濟、社會現代化的需要。

立法院現行制度

　　經參酌日本國會制度，檢討我國現行立法效率，可大致歸納幾點關鍵因素如下：

專業分工不足：

1. 立法院採行小國會制，委員僅一六四席，委員會的專業分工不夠細緻。
2. 委員會席次過少，少數委員即可議決法案，無法樹立專業、權威形象。因此，其決議未能在院會中受到尊重，造成法案重複討論，延宕議事。
3. 委員會成員未依政黨比例設置各政黨搶佔「關鍵性」之委員會，破壞政黨互信，並削弱委員會決議公信力。
4. 預算審議缺乏專業性。

政黨政治未臻成熟：

1. 政黨對於所屬委員約束力不足，致委員於議場中爭相發言個人立場有時甚至超越政黨立場，加以政黨比例代表席次不足，政黨動員能力相對減弱。
2. 政黨協商機制未法制化，政黨間互動不佳。少數黨認為多數黨不尊重反對意見；對於多數黨支持的表決結果，少數黨亦經常不願接受。

議事規範有待建立：

1. 「立法院組織法」未明文賦予院長警察權，院長權威未建立，無法有效維持秩序。此外，委

員發言資格、次數、時間、內容之規定與執行皆不夠嚴謹，議場管制亦待加強。

◇部分委員以「程序問題」搶先發言，甚至借題發揮，阻撓議事進行形成發言不當競爭。
◇委員自律不足，且違紀所受處分輕微，以致偶有擾亂議事事件發生。
◇議場管制不佳，尤其委員會會議更不時發生旁聽者影響議事之不當行為。

2.法案及預算案均必須經過三讀程序程序冗長；法案經議決後，動輒提出復議，影響其他法案進行。且每年兩會期之總質詢佔用時間過長，影響法案審議可用時間。

議會倫理及其他：

◎倫理規範未受重視

1.各委員自視一律平等，對資深委員未予應有之尊重，無法經由意見領袖之號召或政黨代表協商，化解分歧，使得法案推動工作益加困難。
2.議場禮節缺乏規範，部分委員行為偶有脫軌，擾亂院會秩序。
3.各政黨黨團組織及運作尚未立法規範。

◎依現行法令，行政部門組織法及國營事業預算案等都必須送立法院審議；加以委員提案人數門檻過

低，委員提案數量過多，導致待決法案堆積如山。

◎行政部門整體立法規劃未盡完善

1.部分法案草擬作業過程不夠精密，加以事前與
　立法委員的溝通、協調不足，常導致法案審議
　過程的爭議。
2.行政部門對提送審議之法案，並未切實依輕重
　緩急分類推動；各部會機關甚至各自動員，爭
　相推動優先立法，以致影響提案順序，延宕重
　要法案之立法。

現行制度的改制

　　綜合以上分析，如何進行改革，使立法院能在適
度制衡中與行政部門高度合作，順利推展國家大政，
以提升政府競爭力，實為當前重要課題。經參酌日本
國會特色，考量我國特有的政治環境，試提出改革作
法如下：

落實政黨政治：

◎增加政黨比例代表

1.健全立法委員選舉體制依據「國家發展會議」
　結論，推動選舉「兩票制」及「單一選區制」
　提升委員素質。
2.配合「國家發展會議」結論，擴充委員會席次

為二二五席（現為一六四席），適度增加政黨比例代表的席次，促進國會政黨互動與議事和諧。

◎加強政黨協調互動

1. 行政部門應審慎研提法案，事前並應該主動徵詢、參採執政黨委員意見；於溝通後應嚴格維護黨紀，約束委員個人意見。
2. 執政黨應主動就提送法案之內容與各在野黨協商，作必要之妥協、修正，加速委員會審議時程。
3. 行政院與立法院間應建立制式協商管道，加強兩院意見溝通，消弭分歧。
4. 立法院各政黨黨團組織、運作應予法制化，健全政黨協商體制，設立「政黨協調委員會」；並強化「黨鞭」在協商中的地位，建立協商結果的處理模式。

◎建立政黨辯論模式

1. 法案審議應以政黨辯論為主、個人質詢為輔。
2. 院會審議過程中，各黨應依席次比例，排定發言時間，推派代表進行辯論；個人意見之表達應予約束。同時，多數黨應禮讓其他政黨充分發言，以示尊重；一經表決，少數黨應服從決議，同會期內不提出再議。

強化專業分工：

◎強化專業審查

1. 成立「國會預算局」，以專業審查配合委員的政策審查，提高預算審查效率，有效監督中央政府總預算。
2. 成立「國會法制局」，協助委員進行法案評估及提供政策建議，特別是針對高科技時代之相關法案提供審查建議，補充委員專業之不足。
3. 建立各委員會專業「智庫」制度，加強法案的幕後研究工作，以增加委員會法案審查的專業性。
4. 院會以政策審查為主，委員會則著重專業分工審查。

◎加強委員會功能

1. 配合委員會席次增加，檢討以及縮減委員會數（現為一○個），或修法放寬每位委員得參加二個委員會，使委員會成員相應增加，提高議案審議的專業性與權威性，強化國會民意代表性與委員會分工功能。
2. 修改立法院各委員會組織法第五條，提高各委員會會議召開門檻由現行各該委員會委員「五分之一」出席改為「二分之一」；委員會通過之法案提報院會時，須有院會出席委員二分之

一以上反對（原審查委員除外），始得否決，以
強化委員會決議之公信力。

3.儘早進行重要法案審議之政黨協商，並在委員
會審議法案階段完成，以避免審議結論在院會
遭到翻案，延誤立法，且損及委員會公信力。

4.委員會席次及發言適用政黨比例原則。修訂立
法院委員會組織法，依政黨比例確立當屆委員
會的席次，防止少數黨集中搶佔特定委員會席
次，以促進政黨良性競爭，增強議事功能。

改進議場秩序：

◎明文賦予院長維持秩序之公權力

1.立法院議事規則第八四條：「出席委員有共同
維護會場秩序之責」，修正為：「院長有維護會
場秩序之責，必要時得動用議場警察」，以維持
議場秩序，動用警察人數亦可一併規定。

2.對於議場內非理性委員的鬧場行為，主席得予
制止或驅離，並於事後交付懲戒委員會議處，
絕不姑息。

◎設立議場警察及警衛長，備供院長指揮、維持
議場秩序；旁聽者如有干擾行為，應視情況予以驅離
或逮捕。

◎院會發言宜改採在席位上發言方式，電源由主

席台管制，以維持發言順暢。

加強議事運作：

◎修改立法院議事規則

1.修改第三七條，院會對法律案以及預算案之決議，尊重委員會結論；文字之修正、定案，交付院長全權處理，以簡化三讀程序。
2.修改第六七條，縮減委員質詢時間，加速議事之進行。
3.有效限制議程變更，改進表決方式，簡化詢答過程。

◎院長主持院會應嚴格控制發言，如委員發言內容重複，或濫用程序發言，應予制止，並視情節輕重交付議懲。

◎提升總質詢及預算質詢效率

1.預算質詢併入施政總質詢進行，使施政方針等答詢內容與預算配合，更形具體。
2.總質詢採分組方式，縮短時程並加速質詢的進行，以增加法案審議時間。

◎法案審議程序應建立性質分類制度，使不具爭議性的法案優先審議；將具爭議性或政治性的法案集中於另一時段審議，以避免少數法案影響整體立法速

率。

建立國會倫理：

1. 以資深委員擔任重要職位及黨政協調工作，並明文賦予應有權責，加強議事運作。
2. 仿效英、日維護議會尊嚴，建立議場內敬稱、敬語規範，維持議場和諧。
3. 明文訂定立法委員每會期應出席之最低次數，使委員專心審議法案；違反者應依情節輕重處以減薪或除名。

提升立法技術：

1. 擴大立法授權，在法令之範圍內，行政機關組織法之「內部組織及員額」、國營事業預算案，宜授權行政部門自行訂定或分層負責，減少立院審議時間，以強化執行效率。
2. 推動聽證會制度化，以先期整合民眾、專家、學者及主要政黨意見，形成社會主流共識，以減低立法過程中之阻力。
3. 推動綜合立法，藉由相關性的法案綜合配套送審，以增加法案之週延性，並縮短審議時間。
4. 建立法案「屆期不繼續」原則

　　◇立法委員每一任期屆滿時，當屆所有提案自動廢止，以過濾非急迫性法案，並加速重要

法案通過。

　◇重要法案可在次一屆新會期開始時，由行政
　　部門或委員會重行提案。

5.行政部門應建立法案之優先順序，統籌、安排
　所屬部會送審步調，促使重要法案優先排訂、
　優先審議。

　◇法案在各委員會審議過程中，各部會政務次
　　長（或副首長）應負責與委員會成員聯繫、
　　協調。
　◇行政院成立「法案對策委員會」，由全體政務
　　委員組成，以副院長任召集人，負責法案審
　　議中之溝通、協調與對策研擬。

結語

　　由立法院第三屆第三會期議事效率之傑出表現，
可爲「日本能，我們也能」提供明證。惟爲建立可長
可久的現代化國會體制，首要之圖仍應喚起各政黨的
共識，取人之長、去己之短，效法民主先進國家的做
法，合力推動國會改革。尤應確立議會倫理規範，維
護國會尊嚴與秩序，強化委員會專業分工，建立政黨
協商互動機制，並增進國會與行政部門的溝通、合
作，期能有效提升國會議事效率，改善政府行政效

能，早日完成政府改造之跨世紀工程。

附表一 近年立法院各會期通過法案數量一覽表

屆數會期	時期	通過法案數* (含廢止案)	備註
第一屆第83會期	78.02~78.07	14	
第一屆第84會期	78.09~79.01	20	
第一屆第85會期	79.02~79.07	8	
第一屆第86會期	79.07~80.01	25	
第一屆第87會期	80.02~80.07	22	
第一屆第88會期	80.09~81.01	22	
第一屆第89會期	81.02~81.07	39	
第一屆第90會期	81.09~82.01	27	
第二屆第1會期	82.02~82.07	37	
第二屆第2會期	82.09~83.01	27	
第二屆第3會期	83.02~83.07	16	
第二屆第4會期	83.09~84.01	72	
第二屆第5會期	84.02~84.07	36	
第二屆第6會期	84.09~85.01	35	
第三屆第1會期	85.02~85.07	6	
第三屆第2會期	85.09~85.12	29	
第三屆第3會期	86.02~86.05	94	
第三屆第4會期	86.09~87.01	41	

註：法案數僅含三讀通過之法案及廢止案，未包含預決算案、條約案、復議案等。

附表二　近年日本國會提案及議決件數

會期期間	天數	提案件數	議決件數		未決案數	議決率%
			結案	繼續		
1990.12.10~1991.05.08	120	120	108	12	0	100
1991.08.05~1994.10.04	60	22	11	8	3	86.4
1991.11.05~1991.12.21	45	24	16	8	0	100
1992.01.24~1992.06.21	150	110	99	11	0	100
1992.10.30~1992.12.10	40	71	24	40	7	90.1
1993.01.22~1993.06.18	150	108	86	0	22	79.6
1993.09.17~1994.01.29	130	55	30	12	13	76.4
1994.01.31~1994.06.29	150	121	100	19	2	98.3
1994.07.18~1994.07.22	5	17	0	16	1	94.1
1994.09.30~1994.12.09	70	46	41	4	1	97.8
1995.01.20~1995.06.18	150	145	145	0	0	100
1995.09.29~1995.12.15	75	53	36	13	4	92.5

註：1.提案件數含上會期保留，繼續審查之案件數。
　　2.保留繼續審查之議案，需經院會會議決同意。

附圖 日本法律提案審議流程圖

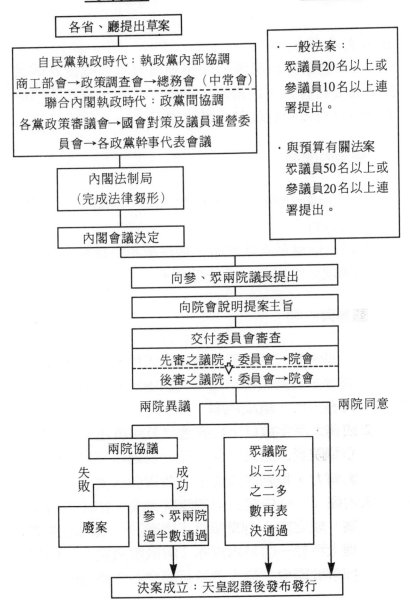

政府提案　　　　　　　　　　　議員提案

各省、廳提出草案

自民黨執政時代：執政黨內部協調
商工部會→政策調查會→總務會（中常會）
聯合內閣執政時代：政黨間協調
各黨政策審議會→國會對策及議員運營委
員會→各政黨幹事代表會議

・一般法案：
眾議員20名以上或
參議員10名以上連
署提出。

・與預算有關法案
眾議員50名以上或
參議員20名以上連
署提出。

內閣法制局
（完成法律芻形）

內閣會議決定

向參、眾兩院議長提出

向院會說明提案主旨

交付委員會審查
先審之議院：委員會→院會
後審之議院：委員會→院會

兩院異議　　　　　　　　　　　兩院同意

兩院協議

失敗　　　　成功

廢案

參、眾兩院
過半數通過

眾議院
以三分
之二多
數再表
決通過

決案成立：天皇認證後發布發行

附錄：日本憲政體制與國會運作

日本憲政體制

　　日本憲政原以英國內閣體制為藍本，戰後兼採美國國會委員會分工之優點，造就了行政、立法部門高度合作且有效率的政府。概述如下：

議會內閣制：

1. 立法權屬國會，行政權屬內閣，內閣直接對國會負責。
2. 司法權屬最高裁判所，最高裁判所長官由內閣總理大臣提名、天皇任命。

國會與內閣：

1. 內閣總理大臣以國會議決方式指定之，通常由國會多數黨領袖出任；內閣總理大臣負責任命國務大臣，組成內閣。
2. 國務大臣半數以上自國會議員中遴選，且多為眾議院資深議員。各大臣分別運用充沛人脈及影響力，推動內閣提出之政策與法案。
3. 內閣「不信任案」由眾議院議決。當「不信任案」成立時，內閣即應「總辭」，或由內閣總理大臣於一〇日內宣布「解散眾議院」；倘選擇解散國會，於大選後新國會召開時內閣亦須

「總辭」。

國會兩院制：

1.國會由眾議院及參議院構成。眾議院設議員五
　○○席，以反映民意為主；參議院設議員二五
　二席，以專家議事為主。參議院扮演制衡眾議
　院的角色，不適用「國會解散權」；當眾議院
　解散時，參議院暫代其任務。

2.國會議員選舉採小選區「兩票制」；兩院議員
　五分之三由小選區選舉產生，五分之二由政黨
　比例代表制產生。

　◇眾議院議員之任期為四年；但常因議院解散
　　而縮短任期，故平均任期僅約二年半。
　◇參議院議員之任期為六年，每三年，改選半
　　數，以確保參議院功能延續，並維持政局安
　　定。

3.兩議院獨立開會、審議、議決。

　◇兩議院各須有三分之一以上議員出席，方得
　　開議或決議；議案以出席議員過半數決議
　　之。
　◇兩院決議一致時，國會決議成立；兩院決議
　　不一致時，則召開「兩院協議會」協調之。

衆議院優越主義：

1. 若兩院決議經協調仍不一致時，為加速國會決策之形成，強化衆議院所支持之內閣的地位，促使國政順利運作乃採行 「衆議院優越主義」換言之，在重行提案經衆議院出席議員三分之二以上通過時，以衆議院決議作為國會之決議。

2. 憲法之修改，須經兩院實際議員三分之二以上之同意，始得提出修正案，交付全民複決。換言之，兩議院在憲改程序中地位平等，衆議院無優越地位。

日本國會議事運作

　　參、衆兩院各設有若干委員會，國會的活動以委員會的運作為主。各類法案先送各主管委員會進行審議，再提院會；此時院會對法案的審議實質上已告確定，惟形式上會經簡短的質詢、答覆與討論，再進行表決。若法案質詢不斷，得提出結束質詢之動議，經通過後付諸討論；若討論仍難以結束，得再提出結束討論之動議，經通過後付諸表決。

國會運作：

◎會期集中

1. 每年於十二月召開一次常會，會期一五〇天。

2.如法案未完成審議程序，經四分之一以上議員
　之要求，可召開兩次臨時會繼續審議。

◎會期不繼續原則

1.爲促進審查速率，會期內未能議決之法案，除
　非院會表決保留，否則下一會期不予繼續。
2.休會期間，委員會可持續審查送審案件，交付
　下會期決議。

◎一事不再議原則

1.法案一經通過，同一會期中不得再行提出，避
　免少數議員以「翻案」方式，拖延議事程序之
　進行。

◎預算優先審議

1.憲法規定預算案較法律案爲優越，必須優先審
　議，以避免影響國政運作。
2.預算案獲眾議院通過，送至參議院，若未能於
　三〇日內議決時，視爲通過。
3.預算案未能如期議決時，內閣得編擬「暫行預
　算」先行提送國會暫時實施。

法案形成與政黨協商：

◎法案形成過程

1. 行政部門的法律提案，先由各省廳技術幕僚提出法案宗旨，經內部研討、形成法案大綱，提交執政黨（或聯合執政各黨）審議，由政務調查會的各小組展開分組討論，並參考民間團體的意見，調整法案大綱。

2. 各政黨完成政策審議後，即交付各政黨國會對策委員會（相當於我國立法院工作會）、議員運營委員會、政黨幹事代表會議，強化各政黨間的共識。

3. 修正大綱送還原提案省廳，由行政幕僚據以擬妥法律草案，交付內閣法制局，進行法律技術調整與修飾。

◎政黨協商管道

1. 正式管道：兩院分別設置「議院運營委員會」，為國會最高決策機構，負責促成各政黨協議、規劃議事程序、協商院會運作等事宜，扮演事前化解分歧之功能；委員會成員各二五名，各黨所占席次依院會政黨比例分配。

2. 非正式協商管道：透過各政黨設置之「國會對策委員會」，進行議事幕後折衝；各政黨所屬議員必須完全支持政黨立場，違紀議員可能受到

黨紀嚴厲處分。

委員會審議過程：

◎委員會中心主義

1.參、眾兩院各設常任委員會一七及二○個，實行議事分工；必要時另設特別委員會，擔任特定任務，其任期由成立至案件議決為止。
2.委員會由各具專業之議員組成：各委員會由資深議員帶領新進議員，培養專業素養，形成族議員體制，並提供議員專業養成訓練的良好環境。
3.各委員會成員係於會期開始時，於議院中由議長選任之，以議員之任期為常任委員任期。

◎委員會席次分配

1.各委員會人數在二○至五○人之間，各黨在各委員會所占之委員席次比例，依院會政黨比例分配（任期間比例如有變動，委員隨之更動）。藉由公平的分配，加強政黨互動，以提升法案審議的專業性。
2.議員以參加一個常任委員會為原則，但預算、決算、運營、懲罰及其他專案特別委員會不在此限。
3.擔任議長、副議長及內閣閣員職務者得辭去委

員職,其席位由同黨議員兼任之。

4.委員長(委員會主席)席次亦依政黨比例分
　配,由各委員成員中推選各黨資深議員擔任。

◎委員會會議

1.委員長得限定質疑、議論及其他發言之時間,
　並將時間平均分配予委員。

2.委員長得出席其他委員會陳述意見;委員會認
　為必要,或有非委員會議員主動要求發言時,
　亦得邀請非委員會議員出席發言。

3.委員會議決需有半數以上出席、出席委員半數
　以上同意,審議結果具公信力及代表性,在院
　會深受全體議員尊重,可獲快速通過。

4.各委員會可行使國政調查權,並可要求證人出
　席提供證辭;亦可舉行公聽會,進行討論及審
　查,緩和社會各方爭議。

5.委員會會議以不公開為原則,但在委員長許可
　下,記者得旁聽、報導審議情形。

院會:

◎委員長報告

1.委員會通過之法案,由委員長向院會報告。隨
　後由持有「異」見之少數委員報告,即進行質
　疑、討論、表決。

◎國會政黨辯論

1.院會對議案的討論以政黨代表辯論為主、議員個人質詢為輔；基本上依政黨席次比例分配發言時間。
2.各政黨約束所屬議員的發言、表決，有效簡化政治立場。

◎議長權責

1.議長有權決定議員發言優先順序，一般由反對者優先發言；若發言內容超出議題或者與前重複，議長可強制中止。
2.議長於會議中得禁止議員退席，以防止人數不足導致流會。
3.議長得行使警察權，命令「衛視」維護議事秩序（動用人數可達二七〇人），以防止議員嚴重違反議事規則、旁聽者干擾、乃至暴力等情事發生。

◎質詢

1.議員向內閣提書面質詢，需經議長同意。
2.議員以口頭提出之緊急質詢，僅僅限於天災地變、暴亂及其他緊急狀況，且需經院會決議後方得提出。

國會改革方案之理論與實際

POLIS 3

編　　著☞李炳南　顏明聖

出 版 者☞揚智文化事業股份有限公司

發 行 人☞葉忠賢

總 編 輯☞孟　樊

責任編輯☞賴筱彌

登 記 證☞局版北市業字第 1117 號

地　　址☞台北市新生南路三段 88 號 5 樓之 6

電　　話☞886-2-23660309　886-2-23660313

傳　　真☞886-2-23660310

郵政劃撥☞14534976

印　　刷☞偉勵彩色印刷股份有限公司

法律顧問☞北辰著作權事務所　蕭雄淋律師

初版一刷☞1999 年 1 月

定　　價☞新台幣 250 元

Ｉ Ｓ Ｂ Ｎ☞957-8637-84-5

E-mail☞ufx0309@ms13.hinet.net

南區總經銷☞昱泓圖書有限公司

地　　址☞嘉義市通化四街 45 號

電　　話☞(05)231-1949　231-1572

傳　　真☞(05)231-1002

戶名：顏明聖

郵政劃撥帳號：41136944

高雄市三民區九如二路 253 號

國家圖書館出版品預行編目資料

國會改革方案之理論與實際 / 李炳南,顏明聖編著
—初版.—臺北市:揚智文化,1999[民 88]
面;公分

ISBN 957-8637-84-5 (精裝)

1.國會

573.65   87017569